Je dédie cette année 2018 à Jeanine, Michèle et Lili.

*

Ce petit texte m'a été offert par ma fille le jour de mon anniversaire. Cela faisait plus de six mois que la grève était terminée, mais visiblement ce moment de nos vies l'avait marquée. Plus que je n'avais d'ailleurs pu l'imaginer. Elle aimait venir sur le piquet, faire flotter les drapeaux au bord de la route. J'avais bêtement pensé que c'était pour faire l'école buissonnière. Mais non, elle était devenue une combattante, elle aussi.

Pour en avoir longtemps discuté avec elle, elle avait écrit ce poème après avoir compris ce qu'était une lutte pour la justice. J'admire cette petite fille, tout comme j'admire mon fils et mon époux de me laisser mener ce combat et pour avoir subi, sans se plaindre, cette grève de 117 jours.

Juste une femme

Comme un gâteau sans farine,
Comme une rose sans épines,
Une gréve sans parole?
Impossible !
Une femme a été choisie,
Une qui saurait défendre ses collègues,
117 jours, elle a tenue,
Ses aînés, elle a défendu,
A la TV, elle est passée,
La gréve est finie,
Pourtant les interviews se succèdent encore,
Comme un gâteau sans farine,
Comme une rose sans épines,
Une femme,
A été choisie,
Pour défendre ses anciens,
Et grâce à elle,
Cette gréve a été gagnée,
Par cette femme extraordinaire.

Table

Pour en savoir plus
sur les Éditions Plon
(catalogue, auteurs, vidéos, actualités...),
vous pouvez consulter
www.plon.fr
www.lisez.com

et nous suivre sur les réseaux sociaux

Editions Plon

@EditionsPlon

@editionsplon

Achevé d'imprimer en janvier 2019 par CPI
pour le compte des Éditions Plon
12, avenue d'Italie
75013 Paris
N° d'impression : 150642

EHPAD,
une honte française

Anne-Sophie Pelletier

EHPAD,
une honte française

LABOR OMNIA VINCIT IMPROBUS
PLON
www.plon.fr

12, avenue d'Italie
75013 Paris
Tél. : 01 44 16 09 00
Fax : 01 44 16 09 01
www.plon.fr
www.lisez.com

Mise en pages : Nord Compo
Dépôt légal : janvier 2019
ISBN : 978-2-259-26534-8

À ma grand-mère
1928-2016

Prologue

Elles étaient toutes là, assises dans le Saugeois, ce joli parc derrière chez Mémé. C'était le rendez-vous quotidien des anciens du village de Conliège, dans le Jura. Sous les grands tilleuls, elles discutaient de tout, de rien ; parfois, même, les conversations n'avaient aucun sens, tant leur audition défaillait. Je n'étais qu'une enfant, pourtant ces souvenirs sont gravés dans ma mémoire. Et puis, j'étais avec Mémé. Mon havre de paix, mon exemple, cette femme qui me transmettait, de sa voix douce, sans en avoir l'air, les valeurs de nos anciens et ses connaissances sur la vie.

À la retraite depuis quelques années, elle avait été directrice d'école primaire ; de la trempe des instituteurs qui valorisaient la morale et qui exigeaient des cahiers d'élève bien tenus, où pleins et déliés, exécutés avec soin, ressemblaient à des tableaux de calligraphie. Mémé a toujours été très attachée à la morale, et je bénéficiais de ses recommandations. Elle tolérait les résultats scolaires moyens mais ne pouvait accepter le manque de respect.

C'est elle qui m'a élevée, véritable mère de substitution. Elle m'a aimée, avec tendresse mais sans effusion – comme elle me le dirait aujourd'hui, caresses de chien donnent des puces. L'expression peut sembler sévère, mais la génération de ma grand-mère, qui a connu la guerre, n'était pas démonstrative ; cela ne l'empêchait pas d'avoir un amour débordant pour ses petites-filles.

Mémé ne m'en voudra pas si j'ose dire d'elle qu'elle était un peu bourgeoise, au sens où elle ne se mélangeait pas avec ceux qu'elle estimait ne pas être à la hauteur de son intellect.

Avec l'âge, elle était moins intransigeante. De même, elle se rendait compte qu'elle radotait, parfois, et que tout ce qu'elle savait, au fur et à mesure, s'effaçait de sa mémoire comme la neige fond au soleil. Finalement, elle devenait comme les autres anciens, une dame âgée, qui avait vécu, qui continuait de transmettre, mais qui oubliait.

Elle oubliait son repas de la veille, mais pas les poésies enfantines, ni une certaine d'Arthur Rimbaud.

Avec l'âge, son A était bel et bien devenu noir, et signifiait désormais arthrose, qui lui déformait les doigts et l'empêchait, peu à peu, de poursuivre ses ouvrages. Son E était blanc, aussi, couleur de ses cheveux. Son I, elle aurait aimé ne pas le connaître, ce poison d'incontinence qui l'obligeait à se promener avec des changes. Son O, lui, demeurait d'un bleu éternel, celui de ses yeux. Quant à son U, il resterait vert tant que la dépendance se tiendrait à distance.

Malgré sa vue défaillante et ses doigts malhabiles, Mémé était du genre tenace : elle continuait de lire chaque jour quelques pages du vieux *Quid* rafistolé au Scotch marron ou du dictionnaire. Et elle s'offusquait toujours avec autant de véhémence des fautes qu'elle trouvait dans le journal chaque matin, réflexe de ses nombreuses années d'enseignement de l'orthographe.

*

Prologue

Ma grand-mère était mon fondamental, à la fois ma mère et ma maîtresse, cette jolie femme aux cheveux d'argent et aux yeux bleus comme l'océan qui m'apprit avec patience à nager, à réfléchir et à ne jamais porter de jugements trop hâtifs sur les choses et les gens. Cet ange m'a construite et a fait de moi la femme que je suis aujourd'hui, avec des valeurs morales, des valeurs de lutte, des valeurs d'entraide.

Elle fut surtout celle qui me donna confiance en moi, et qui réussit à me convaincre que je n'étais pas cette jeune fille bête qui, malgré des études tout à fait honorables, ne ferait rien de sa vie.

Aujourd'hui, Mémé est partie ; comme le diraient certains textes, elle est dans la pièce d'à côté. Pas pour moi : Mémé est toujours là, telle une étoile qui veille, un trésor précieusement gardé tout contre mon cœur qui pleure son absence. Encore aujourd'hui, avant toute décision, je me pose la question : qu'en penserait Mémé ? Que me dirait-elle ? M'encouragerait-elle : « Vas-y, ma Sophie – c'est toujours ainsi qu'elle m'appelait –, je suis très fière de toi » ? Ou bien : « Réfléchis avant d'agir, pèse le pour et le contre, ma Sophie, ne pars pas tête baissée sans avoir imaginé tous les tenants et les aboutissants » ?…

Je pense que, sans ma grand-mère, je ne serais pas devenue aide médico-psychologique dans une maison de retraite. C'est mon amour des personnes âgées qui guide mon besoin de les protéger et de lutter pour que nos sages soient pris en charge dans toute la dignité qui leur est due dans les maisons de retraite, et pour qu'ils continuent de nous transmettre leurs expériences de vie.

Ils sont notre patrimoine commun, ils sont nos mémoires vivantes.

1

« Le numéro que vous avez demandé n'est plus attribué… »

Mercredi 13 avril, mon téléphone sonne. C'est ma sœur aînée, Cécile. Mémé a été hospitalisée, suite à une chute, chez elle, où elle ne fut retrouvée par terre que le lendemain. Ma famille et moi habitons à l'époque dans les Bouches-du-Rhône, et Mémé est à l'hôpital dans le Jura.

— Allô, Sophie, Mémé est dans le coma…

Je crie, non, pas Mémé, s'il vous plaît, pas Mémé ! S'il vous plaît, laissez-la-moi encore, je n'ai pas terminé mon apprentissage ! Prenez-moi, moi, mais pas elle, pas ma grand-mère, ce n'est pas juste ! Je veux mourir à sa place, s'il vous plaît ! Je pleure, lance mon téléphone à travers la pièce, non, je ne veux pas qu'elle parte, non ! Mon époux essaie de me calmer comme il le peut, mais la douleur est si grande qu'il n'y parvient pas. La tête enfoncée dans les coussins du canapé, je ne peux m'arrêter de hurler que ce n'est pas juste : pourquoi m'enlève-t-on ma grand-mère, pourquoi ? Certes, elle a quatre-vingt-huit ans, et certains diront que c'est déjà bien d'être arrivé à cet âge, mais non, ma grand-mère ne peut pas mourir, non ! Je supplie – je ne sais pas qui d'ailleurs – que la mort me prenne et laisse vivre ma grand-mère. À cette heure, je n'ai plus de mari, plus d'enfants, je veux partir à sa place.

Ma sœur tente de m'apaiser, rien n'y fait ; ce ne sont plus des larmes qui coulent de mes yeux, mais une véritable rivière en crue.

Je deviens orpheline.

Mon époux a récupéré le téléphone ; je dois parler à ma sœur, me dit-il. Je ne veux pas, ma grand-mère s'en va, foutez-moi la paix, vous ne pouvez pas comprendre.

Finalement, j'accepte de prendre le combiné. Ma sœur est toujours au bout du fil.

— Ma Sophie, si tu veux parler à Mémé une dernière fois, c'est le moment, je suis près d'elle, si tu veux je mets le haut-parleur...

— Oui, vas-y...

— C'est fait, elle t'entend.

Il fallait que je trouve la force de lui parler. Même si je m'en sentais incapable, ce serait ma dernière chance de m'adresser à elle. Je suis soignante, je sais ce que signifie, pour nos aînés, de se laisser partir. Mais que c'était dur ! Je refusais qu'elle entende mes pleurs, que ce soient des sanglots qu'elle perçoive de moi lors de notre ultime échange. Je devais prendre ce téléphone, je n'avais pas le choix. Je m'en serais voulu toute ma vie si je n'avais pas pu lui dire à ce moment-là tout l'amour que j'éprouvais pour elle. Cette fois, je pourrais le lui dire sans qu'elle me taxe de sensiblerie ; cette fois, elle m'écouterait.

— Allô, Mémé, c'est ta Sophie, s'il te plaît, Mémé, ne pars pas, j'ai encore besoin de toi. J'ai besoin de nos promenades, j'ai besoin de t'entendre, Mémé, ne me quitte pas. Je t'aime, Mémé, merci, Mémé, mille mercis pour ce que tu as fait pour moi, mais s'il te plaît, ne pars pas. S'il te plaît... Je t'aime.

Ma sœur et moi décidons que vendredi nous nous retrouverons à l'hôpital – c'est notre seule disponibilité, eu égard à nos emplois du temps respectifs et à nos lieux d'habitation –, en espérant que Mémé tienne jusque-là.

Quand je raccroche, tout remonte : quand avons-nous vu Mémé pour la dernière fois ? En 2010, et nous sommes en 2016... Quand l'ai-je appelée pour la dernière fois ? Il y a une semaine, pour son anniversaire. Quand...

« Arrête d'y penser, me sermonné-je. Tu n'as pas su profiter d'elle quand elle était là, maintenant c'est peut-être trop tard, tu ne peux t'en prendre qu'à toi. » Mémé disait toujours : on ne se souvient de nos absents que pour la Toussaint ; elle avait raison. Je m'en veux, j'aurais dû aller la voir plus souvent, le travail n'est pas une excuse valable, la distance non plus...

*

5 heures du matin, vendredi 15 avril 2016. Mon époux et moi partons à moto vers le Jura. La route est longue et le froid mordant, mais qu'importe. Malgré plusieurs arrêts pour faire le plein d'essence – une moto a besoin d'être ravitaillée plus souvent qu'une voiture –, nous avons privilégié ce mode de locomotion pour éviter les embouteillages en arrivant à Lyon et ainsi gagner du temps.

Après plusieurs heures de route, nous entrons dans la ville vers 13 heures. Nous sommes dans les temps pour retrouver Cécile. Quand, soudain, mon portable sonne. Ma sœur...

— Où êtes-vous ?

— Nous venons d'arriver à l'hôpital, pourquoi ?

— Sophie... Mémé vient de partir, on vient de me prévenir... Elle est chambre 217.

— Quoi ? Mais non ! Nous sommes là... Non.

La moto vite garée sur le parking de l'hôpital, nous pénétrons dans le bâtiment sans attendre Cécile, des larmes dans les yeux. Nous sommes accueillis par une infirmière peu plaisante.

— Bonjour, madame, je suis la petite-fille de Mme Desanti, je...

— Vous êtes au courant ? Elle est décédée.

— Oui, mais je voudrais aller la voir.

— Je vous emmène. Vous nous excuserez, nous ne l'avons pas préparée...

Tandis que nous suivons le cerbère, mille questions se bousculent dans ma tête : que signifie « nous ne l'avons pas préparée » ? Dans quel état vais-je retrouver ma grand-mère ? Et puis, vais-je réussir à entrer dans la chambre ?

— Voilà, c'est ici, annonce l'infirmière en pointant du doigt une porte close.

— Merci, réponds-je mécaniquement.

L'infirmière nous abandonne devant la porte. Mémé est de l'autre côté. Après quelques secondes, nous trouvons la force d'entrer. Mémé est allongée sur son lit, elle dort paisiblement. Elle est belle.

Je ne me souviens même plus de ce que j'ai dit, je ne me souviens plus de ce que j'ai fait ; Mémé était là, c'était le principal. Je me suis mise à penser qu'elle avait préféré mourir seule, ne pas honorer ce dernier rendez-vous avec Cécile et moi. Elle n'avait pas souhaité que nous soyons là quand elle partirait. Encore cette forme de pudeur, cette indépendance... Même dans la mort, Mémé a gardé sa dignité ; comme elle le disait souvent, nos physiques ne supportent pas la négligence.

Je ne sais depuis combien de temps nous étions dans sa chambre quand ma sœur est arrivée avec mes nièces. Les filles pleuraient, ma sœur n'était pas dans un meilleur état que moi. Que faire ? Rester dignes, comme l'aurait voulu Mémé, ou se laisser aller à nos émotions ? Mémé nous répétait que nous devions montrer que nous étions fortes ; mais comment être forte dans un moment pareil ?

Malgré tout, ensemble, nous lui avons dit au revoir, chacun à notre manière. Ses petites-filles, arrière-petites-filles qu'elle aimait tant étaient près d'elle, elle devait être contente.

La pluie avait cessé, et une éclaircie avait duré tout le temps de notre recueillement. Probablement un signe, enfin, nous l'imaginions. On se raccroche à de petits riens quand la perte est trop grande.

Quant à ma sœur et moi, nous étions orphelines... Il allait falloir s'adapter à ce nouveau statut, et il serait long à accepter, nous le savions.

Puis ce fut le moment de repartir, nous avions de la route. La pluie s'est remise à tomber, le voyage de retour à moto serait long et fatigant.

Une phrase de Mémé me revint alors en mémoire :

— Quand je serai morte, l'important, ce n'est pas ma personne, c'est le souvenir que je vous laisserai, c'est ça, le plus important, ne l'oublie pas, ma Sophie.

— Oui, Mémé, promis...

Quelques semaines plus tard, machinalement, je pris mon téléphone et composai ce numéro que je connais par cœur...

« Le numéro que vous avez demandé n'est plus attribué, nous ne pouvons donner suite à votre appel… »

J'avais appelé Mémé.

2

Comme une évidence

Cela faisait des années que j'arpentais les couloirs des établissements hôteliers. J'y avais occupé des postes de direction, j'avais des émoluments plus qu'honorables, mais je croupissais à une place où finalement je ne m'épanouissais plus. Toujours les mêmes bilans à faire, les mêmes clients à recevoir, les mêmes résultats à augmenter régulièrement pour obtenir une prime de chiffon… Je m'engluais dans une routine qui m'ennuyait. Et puis, je n'avais pas vu grandir mes enfants, palliant mes absences en leur offrant toujours plus de cadeaux, histoire de me rabibocher avec ma conscience de mère. Mais les cadeaux ne remplacent pas un « bonne nuit, mon ange », un câlin, un « comment s'est passée l'école aujourd'hui ? ».

Il était temps de changer. De se sentir utile… mais que faire ?

La décision s'imposa comme une évidence un soir durant le dîner : j'irais dorénavant m'occuper de nos anciens à leur domicile.

Lorsque je l'annonçai, ma famille en fut abasourdie : j'allais quitter un bon salaire, une situation stable, un statut établi pour recommencer ma vie professionnelle de zéro et devenir aide à domicile… femme de ménage !

Mais qu'importait l'avis des uns et des autres, j'allais avoir une relation différente aux gens, j'allais aider nos aînés en perte d'autonomie à entretenir leur intérieur et donc à rester chez eux. Ne dit-on pas que, pour être bien, il faut que l'on se sente bien chez soi ? Alors, si en faisant le ménage je contribuais à leur bien-être, je partageais avec eux un moment où ils ne seraient pas seuls, un moment d'échanges, qui sait, mon pari serait gagné.

*

Armée de mon CV qui dénotait un peu dans l'assistance, je me présentai à une réunion à laquelle j'avais été invitée par la mairie de mon village. Là, je rencontrai une dizaine de filles. Je les écoutais parler de leur métier, qui ne me parut pas si rose que je me l'étais imaginé. Mais qu'importe, j'allais changer les choses, rendre le sourire aux anciens du village. Les rendre heureux était mon leitmotiv, quelle que soit la manière.

Je n'allais *a priori* pas au-devant de grandes difficultés : pas besoin de reprendre mes études, il n'y a pas de formation pour être femme de ménage ; d'autre part, il est assez rare d'être agressée verbalement par un torchon ou un seau d'eau, et la poussière ne vous insulte pas quand vous la déplacez. Je n'aurais plus à m'accommoder de la colère ni de la vulgarité de clients mécontents, de l'absence des employés et de leur remplacement. Cette nouvelle vie allait être beaucoup plus simple et moins stressante. Et puis, je verrais enfin mes enfants. Je ne rattraperais pas le temps perdu, mais je serais plus présente à la maison, et je ne rapporterais pas de travail le soir.

À la fin de la réunion, mon tour vint de prendre la parole. J'avais bien entendu toutes les discussions croisées sur les difficultés de mes futures collègues, notamment lorsqu'elles réclamaient avec véhémence une augmentation du temps d'intervention chez certains, tant les tâches s'alourdissaient chaque jour, du fait de la dépendance toujours plus importante des bénéficiaires, arguant qu'elles ne pouvaient plus fournir un travail de qualité dans ces conditions. La culpabilité les rongeait ; leur physique éprouvé, fatigué, leurs yeux cernés en étaient la preuve flagrante.

J'avais entendu tout cela, mais, à ce moment précis, je n'avais pas pris conscience de ce qu'allait être mon futur métier. J'étais dans l'euphorie d'apporter un peu d'aide et d'humanité à des personnes âgées dépendantes. Ces futures collègues n'avaient pas réussi à écorner ma détermination.

Mon entretien fut succinct et dura à peine quelques minutes. J'avais évidemment dû répondre aux interrogations de cette responsable de secteur quant à mon choix de réorientation professionnelle. Ce n'était pas la première fois : j'avais eu à me justifier quelques années plus tôt lorsque, après un bac scientifique, j'avais décidé d'intégrer une école d'arts décoratifs pour devenir licière, puis pris la décision de faire fi de tous mes diplômes pour me retrouver en bas de l'échelle. À l'époque, les valeurs que nous inculquait Mémé étaient déjà ancrées en moi, et j'avais besoin de me sentir utile. Tout simplement.

Après des années à travailler pour nourrir ma famille, j'avais besoin de travailler autrement pour m'épanouir.

La responsable en face de moi me répétait que d'un bon salaire je passerais à un SMIC. J'en avais conscience, mais l'argent n'avait jamais conditionné mes choix professionnels. On aurait pu me faire des ponts d'or, s'ils n'avaient pas été en accord avec mon savoir-être, je les aurais refusés sans hésitation.

Je voyais ses yeux s'écarquiller au fur et à mesure de mes réponses. Pourtant, elle apposa un TB sur ma lettre de motivation, comme on met une bonne note sur une copie d'élève. J'avais réussi l'examen d'entrée. Je n'avais pourtant raconté que ma vie, mes études et mes expériences professionnelles, pas mon besoin viscéral d'apporter ce que je suis à nos aînés souvent bien seuls à leur domicile.

C'était gagné : on me signerait dans les jours à venir un contrat à durée déterminée. J'étais persuadée que je révolutionnerais le monde de l'aide à domicile, que j'apporterais tellement plus que du ménage aux bénéficiaires et que eux deviendraient rapidement autre chose que mes patrons...

Optimiste, utopique, je ne savais pas à cet instant que la tâche serait si ardue et parfois si ingrate. Je me doutais que tout ne serait pas rose, que je serais confrontée à la maladie, la démence, la mort. Mais ce serait le temps qui me montrerait les limites de l'aide à domicile.

Pour l'instant, je partais la fleur au fusil, et *carpe diem* ! J'étais forte, j'en avais vu d'autres !

Cette intime conviction de pouvoir y arriver sans l'avoir vécu nous rassure. On se persuade que ce sera plus facile parce qu'ils ou elles ne sont pas de notre famille, que l'affect n'entrera pas en ligne de compte, du moins de loin. Parce que j'ai ce recul dont m'a parlé la responsable de secteur, qui m'aidera à ne pas m'attacher à mes allocataires. Je suis une professionnelle de la serpillière et du torchon à poussière, qui apporterait son sourire, sa bonne humeur et ses connaissances. Rien de plus, rien de moins.

J'étais convaincue que je serais différente des collègues que j'avais croisées lors de la réunion. Elles semblaient blasées, fatiguées ; j'étais toute neuve, pleine d'entrain, d'enthousiasme et d'envie d'égayer un peu la vie des bénéficiaires. J'allais mettre à profit tout ce que Mémé m'avait transmis.

Ma nouvelle vie pouvait enfin commencer.

3

Georgette[1]

J'ai reçu mon planning par mail quelques jours après la réunion. Mon premier contrat, à plein temps, me mènerait chez Georgette : trois heures le matin et deux heures le soir. Sur la fiche de poste, il était stipulé « entretien de la maison », « courses », « repas ».

J'étais impatiente d'effectuer ma première intervention. J'avais hâte de passer du temps avec Georgette, d'en apprendre plus sur sa vie.

Une fois devant la porte, je sonnai. J'entendis un « Entrez… » fébrile qui m'invitait à franchir le seuil.

— Je suis dans la chambre, poursuivit la vieille dame.

Comme je ne connaissais pas la maison, je me suis mise en quête de la chambre. Je la trouvai rapidement : une partie du salon avait été transformée pour accueillir un lit médicalisé. La pièce était grande, ornée d'une jolie cheminée en pierre. Le décor était succinct : une table de chevet, une télé, une commode où gisaient le pilulier et une montagne de médicaments. Les cadres au mur avaient visiblement été enlevés, seules quelques cartes postales épinglées sur une corde subsistaient.

---

1. Tous les noms et prénoms cités dans ce livre ont été modifiés.

J'avais la sensation étrange de me trouver dans une chambre d'hôpital alors que j'étais au domicile d'un particulier. Pas de fioritures, pas de gaieté, rien…

*

Je trouvai Georgette, une dame de quatre-vingt-quatorze ans, couchée dans son lit. Je me suis d'abord présentée, puis elle prit la parole pour m'expliquer d'une voix frêle sa pathologie et ce que j'avais à faire. Je ne ferais pas que du ménage : j'aiderais aussi les infirmières libérales à la toilette, qui se faisait alitée. Georgette, après une chute et un col du fémur qui avait décidé de la lâcher, ne pouvait plus ni se lever ni marcher. Elle me montra ensuite du doigt un engin de torture appelé lève-malade repoussé dans le coin de la pièce ; c'est grâce à cet appareil que nous allions la transférer de son lit à son fauteuil roulant.

D'un coup, je me suis mise à douter : je n'avais aucune expérience avec cet engin, et je n'avais reçu aucune formation. Et si je n'y arrivais pas ? Je devais être la reine de la serpillière, pas grutier avec la lourde responsabilité de ne pas laisser échapper une vieille dame !

Georgette m'expliqua que je devais préparer sur la table le matériel nécessaire aux infirmières afin qu'elles aient tout à porter de main sans avoir à se déplacer. Je m'exécutai et suivis à la lettre les instructions qu'elle me donna. Évidemment, j'avais attendu avant de mettre l'eau chaude dans la bassine qui servirait pour la toilette, car Georgette me raconta que les infirmières n'avaient pas d'horaires fixes, et que nous allions probablement les attendre longtemps. Elle s'énerva contre cet état de fait : elle était couchée dans son lit depuis la veille, avec la même protection urinaire ; elle avait besoin de se sentir propre, au sec, c'était sa dignité qui était malmenée !

Elle ne supportait plus de se sentir ainsi, à la merci du planning de ces dames qui arrivaient quand elles arrivaient. Elle n'osait pas, malgré tout, hausser le ton en leur présence, de peur de les blesser d'abord, mais aussi par crainte de représailles.

Le mot « représailles » me sauta au visage. Georgette aurait donc pu subir des brimades si elle avait exigé d'être prise en charge plus tôt dans la matinée ? Je commençai à apercevoir des réalités que je n'avais même pas osé imaginer…

J'étais abasourdie par notre discussion, tout en tentant de me rassurer : Georgette était peut-être un cas isolé… Je continuais de croire avec force que ce n'était pas possible, et que ce n'était pas ainsi que l'on prenait en charge nos aînés à domicile.

Au fur et à mesure que nous échangions, avec Georgette, en cette première matinée, je pris conscience de ce que la perte de dignité signifiait dans les paroles de cette dame âgée.

Très vite, je fus confrontée à un premier dilemme : comment dénoncer cet état de fait, si odieux soit-il, le jour de ma prise de poste ? Alors je me suis offusquée intérieurement, mais je me suis tue. J'étais déjà insidieusement complice de cette prise en charge des personnes âgées sans aucun sens de l'humain.

Georgette me raconta sa vie avant cet accident domestique. Elle aimait être propre – elle ne comptait pas les douches qu'elle prenait dans une journée –, que sa maison soit bien tenue, se promener le long de la plage avec ses amies. Aujourd'hui, que lui restait-il ? Elle ne se promenait plus, elle n'entretenait plus sa maison, elle se voyait comme une charge pour tout le monde. Elle m'avoua même avoir oublié la sensation de l'eau chaude qui ruisselle sur le corps lors d'une douche. Désormais, Georgette n'aspirait qu'à rejoindre son mari décédé ; sa vie n'était que souvenirs, regrets. Ses enfants, qui habitaient loin, lui rappelaient par un coup de fil hebdomadaire de quelques minutes qu'elle avait été une femme et une maman.

Une heure déjà que nous discutions de sa vie en attendant les infirmières qui n'arrivaient toujours pas ; une heure de plus dans un change souillé. Georgette vivait dans cette cité depuis plus de soixante-dix ans. Elle avait été vendeuse d'une boutique de tissus, sa passion était la couture et la dentelle qu'elle avait apprise enfant avec sa mère sur les marchés. Elle me dit :

— J'ai appris parce qu'il fallait bien que je m'occupe toute la matinée sur le marché, ma petite, vous comprenez ?

Bien sûr, que je comprenais. Son « ma petite » me fit sourire ; cette marque d'affection qu'elle me témoignait sans me connaître me toucha au cœur. J'écoutais Georgette me conter l'histoire de sa vie comme si je lisais un roman. Sa façon si naturelle de me la raconter m'émeut encore aujourd'hui. L'espace d'un instant, elle oubliait cette protection souillée qui avait débordé et qui avait gagné la majeure partie des draps. Je tentai alors de les changer seule, mais l'alèse refusa d'obtempérer, laissant Georgette baigner dans son urine et ses selles. La colère montait en moi : quand allaient-elles arriver, ces infirmières ? Combien de temps encore Georgette allait-elle devoir subir ce traitement ?

Pourtant, elle continuait de me raconter sa vie, ponctuant son récit de réflexions sur l'ancien monde, notamment comment, à son époque, on ne perdait pas son temps, on l'utilisait à bon escient.

Il m'arrivait quelquefois de voir Mémé sous les traits de Georgette. Mais, très vite, je chassais cette idée de mon esprit. Ma responsable de secteur me l'avait assez répété : « Ne vous attachez pas à vos allocataires ! »

Plus facile à dire qu'à faire…

*

Une heure et demie s'était écoulée, et toujours aucune infirmière en vue. Que dire ? Que faire ? Je n'avais pas l'autorisation de commencer la toilette, n'étant pas diplômée, et mon inutilité me tuait.

Je n'avais encore pris ni seau ni serpillière, j'étais restée au chevet de Georgette ; elle avait besoin de discuter, le sol attendrait bien encore quelques heures. Il ne m'en voudrait pas, et ce n'était pas le peu de personnes qui venaient visiter Georgette qui salissaient son intérieur.

Finalement, l'infirmière arriva. Elle n'enleva même pas son manteau, dit à peine bonjour, remplit la bassine et débuta la toilette. Elle d'un côté du lit, moi de l'autre. Elle déshabilla Georgette, à vrai dire sans grande délicatesse. Elle commença par lui laver le torse ; Georgette était seins nus, j'étais gênée. Son regard dans le mien, je n'osais imaginer ce qu'elle vivait. Sa pudeur était sacrifiée sur l'autel de l'efficacité, du temps à ne pas perdre. Une fois que l'infirmière eut terminé la toilette du haut du corps, je remis sur les seins de Georgette une serviette ; non pas que la vue de sa poitrine me gênât, mais j'essayais de préserver à cette vieille dame le peu d'intimité qui lui restait. Elle me regardait en souriant et continuait de se laisser faire sans broncher. Et que je te tourne d'un côté, et que je te tourne de l'autre…

Puis arriva le moment fatidique du changement de la protection, qui avait largement débordé. J'entrai alors encore un peu plus dans l'intimité de Georgette. Je pensais en moi-même : « Et dire que je ne devais qu'être femme de ménage… » J'agissais comme une marionnette, l'infirmière tirait sur mes fils, et j'exécutais, sans regarder, sans réfléchir. Là aussi, peu de délicatesse dans les gestes. Je voyais Georgette grimacer ; elle lui faisait mal… Mais pas le temps d'écouter les jérémiades, l'infirmière avait encore tant de patients à voir… Alors Georgette s'est tue et a fermé les yeux en attendant la fin de son calvaire.

Dix minutes avaient dû s'écouler, pas plus, et nous sommes passées à l'habillage. Même procédé : je te tourne, je te retourne… L'infirmière râlait parce que les robes n'étaient plus assez larges. Si Georgette n'a pas eu de nausées après ce tour de manège improvisé, c'est que son estomac était bien accroché !

J'étais abasourdie par le spectacle que je venais de voir et auquel j'avais participé. C'était donc cela, mon métier ?

Avant de partir, l'infirmière devait installer Georgette dans son fauteuil roulant en utilisant l'élévateur. Il fallut d'abord passer la sangle sous elle et la croiser entre ses jambes, puis prendre l'engin, l'y accrocher et effectuer le transfert.

Malgré mes inquiétudes, la manœuvre s'acheva sans accroc. La manipulation était finalement moins compliquée que je ne me l'étais imaginée, et Georgette était enfin au propre, habillée et levée.

Je passai la brosse sur ses cheveux très courts et la parfumai. Elle avait retrouvé le sourire ; moi, j'avais perdu celui que j'avais en entrant dans sa maison. Je n'avais pas imaginé que nos anciens puissent être pris en charge de cette façon à leur domicile. Je ruminais, je fulminais. Il était presque midi ; après avoir installé Georgette dans le salon où elle passerait l'après-midi, seule avec elle-même et la télévision, je m'attelai au lit ; laver les draps (Georgette avait un lave-linge), nettoyer ce que l'infirmière avait laissé en plan en partant précipitamment… J'étais bien la femme de ménage, mais pas seulement de Georgette. Il fallait aérer la pièce qui empestait le renfermé et les excréments ; personne n'aurait supporté de dormir avec une telle odeur. J'ouvris donc les grandes baies vitrées de la véranda en espérant qu'un courant d'air évacuerait cette odeur nauséabonde.

Revenant vers Georgette dont j'avais installé le fauteuil dans un coin de la véranda où le soleil se faufilait, je lui demandai ce qu'elle souhaitait manger. Elle me répondit qu'elle n'avait pas très faim, qu'elle aimerait quelque chose de frais, une salade composée par exemple. J'entrepris d'analyser le contenu du frigo : une tomate, un reste de salade verte, une pomme et un filet de poulet. Dans les placards je trouvai une conserve de pointes d'asperges. J'arriverais bien à composer une salade avec tout ça. La serpillière m'attendait toujours ; son appel était cependant si discret que je l'entendis à peine.

Je m'amusais donc à préparer une jolie assiette, réminiscence de mes années hôtelières. Je jouais la comédie jusqu'au moment où je servis Georgette :

— Petite assiette fraîcheur au poulet juste grillé ! annonçai-je avec emphase, tel un serveur de restaurant gastronomique.

Elle sourit. Ne dit-on pas que la vue des aliments que vous allez manger est déterminante sur votre appétit ?

— Mais c'est la première fois que l'on me sert une si belle assiette… Comment avez-vous fait ?

— Un peu d'ingrédients, un peu d'envie, un peu de magie, et le tour est joué.

Georgette avait un sourire que je n'oublierai jamais. Elle mangea avec appétit et finit son repas avec un yaourt nature.

Bientôt 12 h 30, j'allais devoir la quitter, à regret. Vaisselle terminée, goûter installé, eau placée à porter de main, télécommande, téléphone et lunettes sur le guéridon près du fauteuil, elle était armée pour son après-midi. Je pris congé en lui indiquant que je revenais à 17 heures, elle acquiesça. Son sourire avait disparu, plus un mot ne sortait de sa bouche, elle venait de comprendre que, depuis cette minute, et jusqu'à ce soir 17 heures, elle serait seule.

*

Je quittai la maison en courant. Besoin de hurler, besoin de pleurer. Je ne rapportais pas de travail chez moi, ça non, je rapportais des larmes, de la colère. Et c'était pire.

En arrivant, je m'écroulai. Ce que j'avais vécu en cette première matinée m'avait fait si mal, m'avait tant choquée… Le constat était sans équivoque : on m'avait prévenue, du moins on avait tenté, et je n'avais pas voulu entendre. Je ne m'y étais donc pas préparée, et je m'en voulais. J'en voulais aussi au système, à la situation : qui supporterait d'être traité ainsi ? De n'être changé que deux fois dans la journée ? Un bébé est changé plus souvent ! J'ai compris ce matin-là que la société refusait de prendre ses anciens en compte, elle préférait les cacher, faire comme s'ils n'existaient plus.

J'ai aussi compris ce matin-là que j'avais un combat à mener.

J'ai pleuré longtemps. Je me suis demandé si je devais continuer. Et j'ai continué parce que, depuis ce jour-là, je me suis juré que plus jamais je n'accepterais que toutes ces Georgette soient si indignement traitées.

4

Juan

Je repris dès le lendemain le chemin du travail. J'enchaînais les heures, remplaçant même une collègue absente. Mes journées débutaient à 7 h 30 et se terminaient vers 20 heures. Mais peu importait : quelqu'un manquait, j'étais la première à me porter volontaire. Je ne supportais pas l'idée qu'une dame ou un monsieur reste seul, abandonné, sans personne pour l'aider. Ma fatigue était fantomatique ; il m'arrivait de travailler trois semaines sans congé, mais j'avais déjà connu cela. Dans l'hôtellerie, il est rare de pouvoir prendre de véritables jours de repos. En revanche, ma copie était largement à revoir quant à ma présence plus fréquente à la maison ; j'avais visiblement mal évalué mon engagement, et mes enfants ne voyaient finalement aucun changement.

*

J'avais récupéré un nouvel allocataire dans mon emploi du temps : Juan. Je devais intervenir chez lui de 7 h 30 à 8 h 30, après j'enchaînais chez Georgette. La fiche de poste stipulait : « aider au lever, préparation du petit déjeuner et ménage ». Je n'avais eu jusqu'à maintenant que des femmes à charge. M'occuper d'un homme changerait mes habitudes.

Quand j'arrivai dans le minuscule appartement de Juan, je fus frappée par son état d'insalubrité. Les murs étaient rongés par l'humidité et tenaient encore debout par miracle. Cette vision me glaça : ce vieil homme vivait dans un taudis.

Des questions envahirent mon esprit : comment laisser un homme âgé vivre ici ? N'avait-il donc pas de famille pour s'occuper de lui ? Cet homme n'avait-il pas travaillé de sa vie ? Ou bien sa maigre retraite ne lui permettait-elle pas de vivre décemment ?

Je fus vite stoppée dans mes interrogations car Juan m'appelait. J'entrai dans sa chambre et je découvris un homme grand, beau, le visage buriné par le soleil. Ses mains étaient celles d'un travailleur manuel, abîmées, particulièrement grandes. J'imaginais qu'il avait dû exercer un métier du bâtiment. Mais ma rêverie fut de courte durée, c'était le moment d'être efficace.

— Bonjour madame, pouvez-vous m'aider à me lever, s'il vous plaît ? Je dois aller aux toilettes.

— Bien sûr. Je m'appelle Anne-Sophie, votre nouvelle aide à domicile, me présentai-je en lui tendant la main.

— Ah ! Sophia, *muchas gracias*, me répondit-il.

Je dus le prendre dans mes bras, l'asseoir dans son lit et le faire pivoter vers le bord du matelas. Il était si lourd… Or, dans l'urgence, nos forces sont décuplées. Chaussons enfilés, déambulateur à proximité, il fallait maintenant passer de la position assise à la position debout. Cela ne s'annonçait pas sous les meilleurs auspices : les jambes de Juan le tenaient à peine. J'allais devoir créer une impulsion assez forte pour lui donner l'élan nécessaire à sa levée. L'envie était pressante, il fallait faire vite.

Je me positionnai face à lui, et je l'attrapai de telle sorte que ce ne soient pas mes bras qui le soulèvent mais bien mes jambes. Gagné ! Quelques pas vers la cuisine, et Juan me demandait un seau. Un seau ? Oui, un seau, le vieil homme n'avait plus la force de se rendre jusqu'aux toilettes. Papier hygiénique arraché à la hâte, voilà que je lui présentais le seau. Je dus le tenir pendant qu'il éliminait ce liquide jaunâtre et fort odorant ayant trop attendu avant d'être expulsé.

— *Gracias*, Sophia…

Visiblement, Juan parlait plus espagnol que français, et l'espagnol n'était pas une langue que j'avais apprise à l'école. Mais mes restes de vocabulaire hôtelier acquis en autodidacte allaient me servir. J'avais vidé et désinfecté ce seau quand je revins et trouvai Juan à la place où je l'avais laissé pendant cet intermède ménager. Il m'attendait, accroché à son déambulateur. Il avait besoin d'aide pour rejoindre la table de la salle à manger. Il n'avait pourtant que cinq pas à faire… Une fois assis, il me parla espagnol et me donna des directives que je ne compris pas toutes. Je commençais à regretter d'avoir choisi le latin et non l'espagnol en troisième langue…

Après avoir mis le couvert, je coupai en deux des petits pains au lait, que Juan tartina seul ensuite. *Idem* pour le café : je le préparai, mais ce fut lui qui servit. Notre organisation était finalement quasi militaire, et je me réjouissais de voir cet homme si participatif. Je m'apprêtais à faire son lit quand il m'interpella :

— Sophia, as-tu déjeuné ?

— Oui, bien sûr, pourquoi ?

— *No, no, pas possible*, trop tôt, et tu es maigre…

Nous n'avions pas la même notion de la maigreur, mais je pris le compliment avec plaisir.

— Viens à côté de moi, je t'ai préparé ton petit déjeuner.

— Mais il faut que je fasse votre lit et votre ménage…

— Viens, je te dis !

Le contredire l'aurait mis en colère, et tout compte fait j'avais un peu faim : je lui avais menti, je n'avais pas déjeuné, car j'étais intervenue chez une dame avant d'aller chez lui…

Je m'approchai donc de la table, où deux pains au lait et une chaise m'attendaient. Finalement, nous avons déjeuné ensemble. Son lit et le ménage attendraient bien quelques minutes, Juan avait avant toute chose besoin de ne pas être seul. Il me raconta sa vie, à moitié en espagnol et à moitié en français. Je compris que Juan avait fui l'Espagne et la dictature de Franco, qu'il avait été mécanicien et avait travaillé tout le temps. Veuf depuis de nombreuses années, il évoqua longuement son épouse décédée.

Le temps avançait, je n'avais toujours fait ni son lit ni le ménage. Je me dis alors que je resterais quelques minutes de plus que ce que mon intervention prévoyait pour terminer mon travail ; pas question de laisser un champ de bataille dans cet appartement en ruine.

L'État, dans sa grande générosité, avait attribué à Juan une heure d'intervention le matin. Je me demandai soudain comment il vivait le reste de la journée. Vu qu'il n'était pas en mesure de préparer son petit déjeuner, comment faisait-il pour se préparer son déjeuner et son dîner ? Allait-il manger ? Serait-il capable d'aller aux toilettes ? Toutes ces questions m'agressaient l'esprit.

Il allait passer sa journée seul, immobile, dans son gros fauteuil, devant sa télévision.

Les infirmières viendraient procéder à sa toilette à un moment ou à un autre, mais, d'après ce que j'avais constaté, elles ne resteraient pas plus de dix minutes. Dix minutes de présence contre plusieurs heures de solitude… En résumé, sur vingt-quatre heures, Juan n'était pas seul une heure et dix minutes en moyenne.

J'aurais tant aimé rester plus longtemps avec lui. Mais d'autres personnes m'attendaient, et je partis, le cœur gros.

*

J'ai accompagné Juan pendant quelques mois, durant lesquels j'ai vu son état se dégrader. Le lever en arrivant le matin devenait de plus en plus compliqué. Notre organisation militaire pour préparer le petit déjeuner n'était plus aussi fluide, et Juan perdait un peu chaque jour en autonomie. Il insistait toujours pour que je déjeune avec lui, mais il était moins alerte, et désormais même quelques pas le fatiguaient.

Il était grand temps de réclamer un certificat d'aggravation. Ce certificat est en général demandé par la famille, mais je n'avais pas le choix, l'état de Juan empirait. Il fallait appeler les conseils départementaux, qui envoyaient le document dans la foulée, document à faire remplir par le médecin traitant. Si le conseil départemental jugeait que l'état du patient s'était en effet aggravé, il accorderait plus d'heures de présence, et je pourrais ainsi mieux m'occuper de Juan.

Je savais par mes collègues que, si la demande émanait de mes supérieurs, la procédure prendrait plus de temps ; j'avais donc pris l'initiative. Le certificat arriva rapidement, par courrier, et, un jour où son médecin traitant était là, il me rédigea une ordonnance pour un lit médicalisé, qui aiderait Juan à se lever.

Tous ces documents en poche, je pris la direction de la poste la plus proche, et j'envoyai le dossier en espérant que le conseil général soit réactif, ce certificat d'aggravation permettant d'augmenter le nombre d'heures d'intervention au niveau du conseil départemental, et ainsi à Juan d'être moins seul…

*

Au fil des jours, Juan occupait mes pensées : que faisait-il ? Comment allait-il ?

J'étais si inquiète que, chaque soir, quand je ramenais ma fille de l'école, nous passions devant chez lui et, à travers le carreau de la grande baie vitrée, je le voyais à la même place que je l'avais laissé le matin. Dans son grand fauteuil devant la télévision.

Un matin, lorsque je franchis le seuil de chez Juan, je compris tout de suite qu'il n'allait pas bien, pas bien du tout. Sans attendre, j'appelai les urgences et je décrivis les symptômes au téléphone. Les pompiers arrivèrent rapidement et le transférèrent immédiatement à l'hôpital. Pas de petit déjeuner ce jour-là.

Ce fut ma première situation d'urgence. Je me suis rendu compte que, une fois dans le feu de l'action, j'étais allée à l'essentiel. Mais lorsque j'ai fermé la porte à clef après son départ, les larmes ont coulé sur mes joues. Ce fameux recul professionnel que l'on me demandait d'avoir s'effritait miette après miette. J'avais mal, et j'avais peur.

La colère prit alors le pas : s'il n'avait pas été si seul, la situation aurait-elle été différente ? Aurait-on pu éviter ce qui venait de se produire ? Déjà quinze jours que j'avais envoyé le certificat d'aggravation, et toujours aucune nouvelle. Qu'attendaient-ils, dans les hautes sphères ? N'avaient-ils donc à ce point aucune idée de l'urgence ? J'avais eu beau les relancer, la réponse était toujours aussi laconique : « Le dossier est en cours de traitement. »

Et la vie de Juan ? Cette façon qu'a l'Administration d'être déconnectée de la réalité me montrait sans fard les limites de mon action et la difficulté à faire évoluer les choses. Combien de fois me suis-je disputée avec ces bureaucrates en bonne santé !

Les espérances qui étaient les miennes en commençant l'aide à domicile se heurtaient à la dureté du quotidien : Juan était mon urgence, ce n'était qu'un numéro de dossier pour l'Administration.

Une sourde colère monta en moi : s'il fallait que je me rende à Marseille pour plaider la cause de Juan et obtenir ce à quoi il avait droit, j'irais ; c'était de la vie d'un homme qu'il était question…

Je perdais tout recul, et donc toute la distance nécessaire pour effectuer correctement mon travail, mais quand le cœur parle, quand vous faites ce métier avec la conviction chevillée au corps, que votre vocation est d'apporter du bonheur à l'autre, au diable le recul.

*

Juan est resté trois semaines à l'hôpital avant de rentrer chez lui, et toujours aucune nouvelle d'une potentielle augmentation des heures d'intervention.

L'homme que j'avais laissé trois semaines plus tôt n'existait plus : il était si amaigri… Dorénavant, les petits déjeuners se prenaient dans le lit, il ne pouvait plus marcher.

Je restai à côté de lui, le ménage attendrait encore. Je l'observais. Les maux remplaçaient les mots, sa douleur se lisait sur ses expressions fatiguées. Et aucune nouvelle du Conseil départemental malgré mes relances incessantes.

Il passait ses journées dans son lit, ce qui signifiait port de changes obligatoire. Il était abonné au même traitement que les autres bénéficiaires invalides : changement de protection le matin et le soir, et, entre les deux, il baignait dans ses excréments en attendant que les infirmières passent…

Même la télé s'était tue.

Souvent sa main venait chercher la mienne. Ne pas pleurer, ne surtout pas pleurer, même s'il fallait bien se rendre à l'évidence : Juan était en fin de vie. L'hôpital l'avait renvoyé chez lui car il n'y avait plus rien à faire.

*

La situation dura ainsi quelques semaines. Chaque matin, en arrivant, je craignais de le retrouver endormi à jamais dans son lit.

Quand, un soir, alors que je passais devant chez lui en rentrant de l'école avec ma fille, j'ai vu que les pompiers étaient là… Juan est parti seul, dans son lit non médicalisé, qui, ironie du sort, devait arriver quelques jours plus tard. Et son dossier était toujours en attente.

Ne pas pleurer, ne pas pleurer… Et puis si ! Qu'en ai-je à faire, de ce recul professionnel ? J'ai pleuré, beaucoup pleuré, et je pleure encore en pensant à Juan qui me tartinait chaque matin deux petits pains au lait.

Cher État français, soyez rassuré, Juan ne vous coûtera plus rien. Il n'était pour vous qu'un numéro de dossier ; il était pour moi un être humain en souffrance, si seul, qui avait avant tout besoin qu'on prenne soin de lui. Et vous l'avez abandonné.

5

Je vais changer les choses

Cela faisait maintenant un an que j'arpentais les rues de mon village, allant de bénéficiaire en bénéficiaire. J'avais accepté de nouveaux « dossiers », comme les appelle l'Administration. Je n'aime pas ce mot. Nos aînés ne sont pas des dossiers, mais des personnes. Le terme annonçait la financiarisation de la vieillesse que j'entrevoyais. Même si j'étais salariée d'une association loi 1901, on nous parlait chiffres, on nous parlait rentabilité, on nous parlait rendement. En plus de nos métiers, nous devions être les commerciaux de l'association.

Mais je n'étais pas marchande de tapis, ma tâche était d'accompagner au quotidien des aînés en perte d'autonomie, pas de réaliser un chiffre d'affaires !

Souvent, les factures que recevaient les bénéficiaires traînaient sur les tables et les guéridons. J'en connaissais le montant : l'heure normale était facturée 20 euros, l'heure du week-end 33. Certes, ils restaient chez eux, mais le prix à payer était si élevé que leurs économies fondaient comme neige au soleil. Je voyais donc passer des factures avoisinant les 2 000 euros par mois, que les retraites suffisaient rarement à payer. Peu à peu, les bénéficiaires se ruinaient.

C'est à ce moment-là que j'ai commencé à prendre conscience de l'immoralité du système. Le conseil départemental accordait un minimum d'heures, histoire de ne pas coûter trop cher à l'État, et derrière l'association y allait à grands coups d'euros...

Quant à moi, aide à domicile, je travaillais certains mois plus de cent quatre-vingts heures et mon salaire atteignait à peine les 1 100 euros. Comment était-ce possible ?

J'avais un contrat à durée indéterminée, mais auquel il était apposé le terme « modulé ». Or un contrat à durée déterminée modulé signifie que vous êtes payé le même salaire tous les mois, donc que les heures supplémentaires ne vous sont pas rémunérées mais placées sur un compte, et vous permettent d'être payé en cas d'hospitalisation d'un de vos allocataires, ou qui vous seront payées au « une pour une ». Inexistantes, les majorations, ignoré, le code du travail... En toute légalité.

Je commençais aussi à comprendre les logiques comptables de mes employeurs. En tant qu'aide à domicile, nous utilisons notre véhicule personnel, et les kilomètres nous sont remboursés sur la base très généreuse de 0,35 euro du kilomètre. Nous avons l'obligation de contracter une assurance particulière, car on ne peut promener nos aînés sans être assurés, quand cela nous est demandé. Mais il y a un mais...

J'effectuais des interventions à douze kilomètres de mon domicile ; je devais donc prendre mon véhicule pour m'y rendre. En Camargue, j'aurais pu y aller à cheval, mais le tarif de remboursement des frais kilométriques de ce mode de déplacement n'étant pas stipulé dans la convention collective, j'avais peur que le pauvre animal fasse du bénévolat... Toute plaisanterie mise à part, les frais kilométriques ne m'étaient remboursés que si et seulement si je n'avais qu'une demi-heure pour me rendre à l'intervention suivante. Au-delà de cette demi-heure, aucun frais kilométriques n'était pris en charge.

Ainsi, l'association m'envoyait à douze kilomètres à 9 heures, où je restais trois heures. Je repartais donc à midi, et mon intervention suivante ne commençait qu'à 14 heures… Malin. Le cas se présenta deux fois par semaine, et ce pendant un an.

C'est par ce genre de procédé que certains arrivent à économiser de l'argent sur le dos des salariés. Quand on a plein d'employés, imaginez le montant que ce petit stratagème peut générer…

Déjà, sans en avoir véritablement conscience, je constatais que certains de ces employeurs jouaient sur la précarité. En effet, nous sommes majoritairement des femmes dans ce milieu professionnel, des femmes souvent seules avec enfants, qui ont besoin de travailler, et qui deviennent taillables et corvéables à merci. Sans aucune formation, sans aucune aide psychologique, nous sommes envoyées dans le grand bain. Comme nous sommes des femmes, il est *de facto* inscrit dans nos gènes que nous savons nous occuper des autres…

Et puis, certaines collègues ne savent ni lire ni écrire, c'est du pain bénit pour ces employeurs. Elles ne risquent pas d'aller fouiner dans la convention collective pour vérifier si leurs droits sont respectés. De même, pas de formation proposée, ce serait la porte ouverte à une possible rébellion.

Je continuais malgré tout mon petit bonhomme de chemin, tout en développant mes connaissances sur les véritables fiches de poste d'une aide à domicile, d'une auxiliaire de vie sociale… jusqu'au jour où il me prit l'idée saugrenue de demander à mon employeur de passer le diplôme d'auxiliaire de vie sociale par le biais de la validation des acquis de l'expérience (VAE). J'avais emmagasiné en un an et demi autant d'heures que si j'avais travaillé trois ans de temps plein. Et comme un pôle de formation était hébergé dans les locaux de l'association, c'est confiante que je me suis rendue le 28 août à 18 heures au rendez-vous que m'avait fixé ma chef de service.

— Bonsoir, je voudrais bénéficier de mes heures DIF pour un accompagnement afin de passer le diplôme d'État d'auxiliaire de vie sociale, est-ce possible ?

— Oui, quand ?

— Là, dans les mois qui viennent, si c'est possible.

— Ah non, ça ne va pas être possible tout de suite, notre formatrice est en congé maternité, elle revient dans six mois, patientez…

— Patientez ?

— Oui ! C'est quoi, six mois. Pas grand-chose.

— Donc, si je comprends bien, votre formatrice étant absente, aucune formation n'est dispensée.

— Oui, c'est ça.

— Et si je ne veux pas attendre, quelles sont mes possibilités ?

— Aucune.

— Je peux tout de même essayer de passer le diplôme seule, si je le souhaite ? Sans accompagnement ?

— Oui, mais vous savez, c'est difficile, moi, il m'a fallu presque un an pour monter mon livret…

— Très bien, mais sachez que tout le monde n'est pas comme vous, peut-être pourrons-nous en discuter de nouveau lorsque j'aurai eu mon diplôme…

— Bon, je dois vous laisser, j'ai encore du travail, moi.

— Moi aussi, il est 18 h 15, et j'ai encore trois interventions à effectuer chez nos aînés, alors bonne soirée.

En clair : si je voulais passer mon diplôme, il faudrait que je me débrouille sans eux… Pourtant, ils ont, comme tous les employeurs, des budgets alloués pour la formation, un pourcentage de la masse salariale, et la convention collective stipule clairement que la priorité doit être donnée aux employés non qualifiés.

Il en fallait plus pour me décourager. Je demandai donc le fameux livret si difficile à remplir. Il arriva assez vite. Il s'agissait de raconter ses expériences suivant les attentes du jury. La difficulté était donc de ne pas faire de hors sujet. Ensuite, il fallait respecter un calendrier strict : pour passer devant le jury au mois de mars de l'année suivante, il fallait que mon livret soit reçu avant le 31 octobre. Nous étions début septembre ; si je commençais dès à présent, ça devait être jouable.

Après quelques nuits blanches, j'avais rempli les pages de mon livret dans les temps, relatant mes rencontres avec Georgette, Juan et tous les autres.

Je suis passée devant le jury le 20 mars, et j'ai obtenu mon diplôme d'État d'auxiliaire de vie sociale, au grand dam de ma chef de service.

Quel bilan tirer de cette aventure, qui se terminait finalement bien pour moi ? Que les employeurs ne souhaitent pas vraiment former leurs employées – des femmes, pour la plupart, on l'a dit –, parce que cela leur coûterait trop cher et que cela leur permet de les maintenir dans la conviction qu'évoluer leur est impossible. Certaines ignorent même qu'elles y ont droit. Mensonge par omission.

La dévalorisation du personnel est une discipline olympique dans laquelle certains employeurs obtiendraient la médaille d'or. Après tout, ce ne sont que des femmes de ménage, pas besoin de formation pour être la reine du torchon à vaisselle !

Le cynisme de certains patrons va plus loin : comme dans tous ces métiers on abuse toujours plus des glissements de tâche – j'entends par là que ces « aides ménagères », dont la définition de poste stipule qu'elles ne doivent exécuter que des tâches « ménagères », commencent à faire des toilettes sans formation, utilisent des lève-malades, sans formation, déplacent des personnes âgées, sans formation... –, on les envoie volontairement au casse-pipe, et les accidents de travail s'enchaînent. Mais cela importe peu aux employeurs : il y a tant de chômage que, si ce n'est pas cette de ménage-là, c'en sera une autre. La liste d'attente de non diplômées prêtes à enfiler la blouse pour gagner quatre sous et nourrir leur famille est sans fin.

Mais la réalité est bien celle-ci : combien de femmes ont-elles été licenciées suite à des incapacités au poste ? Combien ont souffert de troubles musculo-squelettiques, de mal-être voire de dépression ? Combien ont succombé à des burn-out ?

Et les conséquences pour nos aînés sont désastreuses : comment assurer une prise en charge efficace et de qualité si l'intervenante change constamment, ignorant tout de la pathologie, de l'histoire et des besoins du bénéficiaire ?

Quand nous intervenons au domicile d'une personne, nous pénétrons dans son intimité, ses souvenirs, sa vie, et d'étrangères, avec le temps et la confiance qui s'installe, nous devenons confidentes, réconfort, cette indispensable présence qu'elle attend chaque jour, parce que c'est la seule qu'elle aura.

Mais pour parvenir à ce résultat, encore faut-il qu'on nous en laisse le temps et les moyens. Trop d'employeurs abusent de leur autorité pour retirer des dossiers de peur que l'intervenante ne « s'attache trop » au bénéficiaire. Or c'est à ce prix que le travail est bien fait !

Au diable le recul professionnel, bonjour l'empathie.

6

Dérive

Nouvellement diplômée, j'avais atteint le Graal ; je n'étais plus seulement une femme de ménage, je devenais un acteur social dans toute la grandeur du terme. J'allais *faire du social*. En réalité, j'en faisais déjà, outrepassant largement mes fiches de poste, mais cette fois c'était officiel. Et puis j'avais gardé dans un coin de ma tête la réaction de ma responsable ; je l'avais bien mouchée, et elle avait même été obligée de me féliciter. Je n'avais pas remué le couteau dans la plaie – je n'en voyais pas l'utilité. D'autant que mon succès suffisait à la mettre mal à l'aise ; pas besoin de vider mon chargeur, elle était déjà à terre.

Tout auréolée de ce titre prestigieux de niveau cinq (l'équivalent d'un CAP ou d'un BEP), voilà que l'on me proposait un nouveau dossier : une dame âgée qui vivait avec ses enfants.

Il était stipulé : « entretien de la maison », mais j'allais bien trouver un moyen de faire de l'humain. C'est du moins ce que je croyais...

En bas de l'immeuble, je sonnai ; on m'ouvrit, et je montai au dernier étage, où se trouvait l'appartement. Je fus accueillie par un chihuahua braillard qui n'aspirait pour l'heure qu'à une chose, me croquer un bout de mollet. L'appartement était immense et couvrait toute la superficie de l'étage. Table en cristal de Baccarat, sièges en cuir, tapis d'Orient, vase magistral d'inspiration chinoise… un véritable musée. Des ivoires en guise de bibelots, des photophores en biscuit de Limoges, des tables cabaret en marqueterie, cet environnement m'était familier : j'avais le sentiment de me retrouver chez mes parents…

Une femme toute menue d'une soixantaine d'années m'accueillit et me fit visiter l'appartement : un coin bureau, immense, la chambre de la dame dont je devais avoir la charge, la chambre du couple, la salle de bains du couple, etc.

Je n'avais pas encore eu le temps d'aller saluer Angèle, la bénéficiaire de la prestation, qui était endormie dans un grand fauteuil en robe de chambre. J'essayais pourtant, mais sa fille préféra d'abord me montrer où se trouvait l'aspirateur, la serpillière, le seau et le chiffon à poussière. J'avais du matériel haut de gamme : j'aspirerais avec un Dyson, j'époussetterais avec des Swiffer, je récurerais avec des produits vendus uniquement lors de présentations à domicile.

Moi qui voulais changer de statut, j'étais servie : j'étais devenue une femme de ménage de luxe ! J'étais une privilégiée !

Oui, oui, une privilégiée ! Mon employeur avait bien pris conscience que j'avais changé de statut, maintenant on m'envoyait chez les riches…

Une fois la visite terminée et les multiples démonstrations sur l'utilisation de l'aspirateur faites, je dus me mettre à l'œuvre. Je devais commencer par la chambre d'Angèle, j'étais là pour elle. Quelle ne fut donc pas ma surprise lorsque je m'aperçus que la pièce était ridiculement petite : un lit, un chevet, une douche et un lavabo dans une pièce qui devait avoisiner les neuf mètres carrés. Deux heures pour nettoyer neuf mètres carrés, j'avais le temps de faire les plinthes à la brosse à dents ! Et même en déménageant tous les meubles, en une demi-heure grand maximum, j'aurais terminé... Je me demandais ce que j'allais bien pouvoir faire pendant l'heure et demie qui me resterait. J'eus rapidement la réponse à ma question.

Une fois le ménage dédié à Angèle achevé, sa fille vint vers moi et me dit :

— Vous avez terminé, très bien, maintenant il y a notre chambre à faire, notre salle de bains, notre bureau et évidemment le coin salon, en une heure et demie, vous avez largement le temps. D'ailleurs, nous allons mettre un programme de tâches à faire, si cela ne vous dérange pas ; le lundi, ce sera la chambre de ma mère, notre chambre à nous, le salon, et la cuisine. Le jeudi, vous devrez nettoyer le coin bureau et la véranda, la terrasse, l'escalier qui descend au rez-de-chaussée, et bien sûr un petit coup dans notre chambre et dans la salle de bains.

— Très bien, répondis-je sans me démonter, mais savez-vous que l'argent que vous touchez du conseil général est exclusivement alloué pour votre maman ? Je veux bien exécuter ces tâches, mais si elles entrent dans le cadre des besoins de votre maman.

— Elles entrent, elles entrent, j'ai vu avec vos supérieurs, voilà ce que nous avons mis en place.

— Si c'est ce que vous avez mis en place avec mes supérieurs, alors je vais m'en tenir à cela.

Je commençais à fulminer, mais j'exécutai bêtement les ordres. Je ne vis pas beaucoup Angèle, mais plus qu'il ne m'en fallait le chihuahua collant, gueulard et méchant dont j'essayais d'éviter les crocs. Jour après jour, j'exécutais les ordres et effectuais le ménage de l'appartement entier. J'aimais bien nettoyer le bureau ; je m'attardais quelquefois sur les titres des livres, jusqu'au jour où j'y vis *Mein Kampf*. Chacun est libre de lire ce qu'il veut, mais cette rencontre inattendue m'avait un peu perturbée.

Je les entendais régulièrement parler d'argent, de ce que leur coûterait la réfection de la cuisine, 10 000 euros par-ci, 20 000 euros par-là. Je souriais dans mon coin en les écoutant. Ils parlaient suffisamment fort pour impressionner la simple femme de ménage que j'étais censée être. Mais je n'étais ni impressionnée par le Baccarat, ni par le cristal de Daum, ni par ces vases, ni par tout ce luxe dont j'avais eu horreur pendant mon enfance.

Une seule chose me dérangeait : que l'argent public destiné à Angèle serve à ces deux nantis.

*

Un jour, j'ai atteint les limites de ce que je pouvais supporter. Ce jour-là précisément, je n'avais même pas pu nettoyer la chambre d'Angèle, car le couple recevait et avait préféré que je me charge d'astiquer l'argenterie pendant deux heures – et tant que j'y étais, j'avais aussi nettoyé les belles casseroles en cuivre suspendues dans l'ordre décroissant au-dessus de la hotte... Je n'avais pas bronché, même lorsque mon inspecteur des travaux finis avait exigé que je recommence les porte-couteaux, tant les dessins étaient fins et tant il fallait passer absolument dans tous les recoins.

Cependant, combien de fois j'ai eu envie d'envoyer valser ce chihuahua de malheur qui me suivait partout, prêt à dégainer les crocs au moindre mouvement, et qui était mieux traité que bien des humains : il avait sa propre garde-robe, avait droit au toiletteur, était porté dès qu'il se sentait fatigué, avait sa chambre, ses joujoux, et droit à toutes les attentions.

Pour Angèle, pas de vêtements neufs, pas de coiffeur ni de précautions dues à son âge, encore moins d'attention ni de mots gentils. Elle restait dans son fauteuil stoïque et seule.

C'en était trop ! J'appelai ma responsable, celle-là même qui pensait que je n'aurais pas mon diplôme.

— Bonjour, c'est Anne-Sophie, je sors de mon intervention de deux heures chez Angèle, il y a quelque chose que je ne saisis pas bien, pouvez-vous m'éclairer ?

— Oui, que se passe-t-il ?

— L'argent de son allocation personnalisée d'autonomie doit-il servir à fournir une femme de ménage à ses enfants ?

— Je ne comprends pas...

— Si, si, vous comprenez, il semble même que vous soyez au courant et que vous ayez vu ça avec la famille. Du moins, c'est ce que sa fille m'a dit. Je vous remercie de m'envoyer chez des gens riches, une conséquence de l'obtention de mon diplôme, je suppose, et d'égayer ainsi mon cadre de travail, mais est-il normal que je ne fasse que le ménage des enfants qui habitent la maison d'Angèle ? Et que je passe en gros, en voyant vraiment très, très large, quinze minutes à m'occuper de la bénéficiaire ?

— Anne-Sophie, c'est un dossier, et vous savez que nous avons besoin de nouveaux…

— Pardon ? la coupai-je assez sèchement. Mais ne considérez-vous pas que c'est limite comme attitude ? Et qu'on s'en accomode ?

— Je ne vous permets pas !

— Vous peut-être pas, mais moi, oui, je me permets de signaler que ce cas précis pose un problème de moralité.

— Si vous le dites. C'était le motif de votre appel ?

— Oui.

— Alors, au revoir, et bonne journée…

Et la conversation prit fin, me laissant perplexe. Je pensais à Juan et à quel point ces quatre heures par semaine lui auraient été utiles, à lui. Visiblement, mes employeurs et l'État préféraient privilégier ceux qui avaient tout à fait les moyens de se payer une femme de ménage plutôt que d'aider les gens vraiment dans le besoin.

Surtout, mon appel ne servit à rien. Je savais que l'Administration ne bougerait pas le petit doigt pour changer la situation. Mais je refusais d'être la complice de ce jeu malsain. Après mûre réflexion, je finis par trouver le moyen de ne plus participer à cette mascarade. La solution était simple et je savais qu'elle fonctionnerait.

*

Lors de l'intervention suivante, j'arrivai comme à mon habitude, et je commençai par le nettoyage de la chambre d'Angèle. Je mis un temps infini à terminer la pièce. Une bonne heure et demie à astiquer, déménager tout ce qui pouvait gêner le passage de mon super aspirateur. J'eus même peur d'user le tapis à force de l'aspirer. Le robinet du lavabo était un véritable miroir, la céramique étincelait comme dans un spot de pub, et les meubles, que j'avais cirés, donnaient à la pièce cette odeur si particulière d'encaustique. J'étais fière de mon ménage, Angèle n'allait pas reconnaître sa chambre.

Évidemment, il ne me restait plus qu'une demi-heure pour toutes les autres tâches. J'avais bien calculé mon coup : comme il me fallait environ trente minutes pour la salle de bains, je n'aurais pas le temps de faire la chambre. Au fur et à mesure que le temps s'écoulait, je voyais bien que l'inspectrice des travaux finis, la fille d'Angèle, s'énervait. Quand les deux heures attribuées furent terminées, j'étais fière de mon travail. Mais les choses allaient se corser. Même le chihuahua s'y mettrait, confortant ma confiance toute relative en lui.

La fille d'Angèle avança vers moi tandis que je m'apprêtais à partir et me dit :

— Anne-Sophie, vous avez fait exprès de mettre deux heures pour nettoyer la chambre de ma mère, et donc n'avoir que ça à faire aujourd'hui, n'est-ce pas ?

— Comment ça, « que ça » ?

— Oui, d'habitude vous faites aussi le salon, le coin repas...

— C'est vrai, mais aujourd'hui votre salle de bains était plus sale.

— Ne me prenez pas pour une imbécile, Anne-Sophie.

— Ah, mais madame, loin de moi cette idée, je n'oserais pas, eu égard à votre rang. J'ai quelque éducation, madame.

— Vous êtes là pour faire le ménage, vous devez faire le ménage.

— Effectivement, je suis censée prendre soin de ce qui est utilisé par Angèle, car l'argent que vous touchez du conseil général doit exclusivement servir à accompagner votre maman. Donc, dites-moi, votre maman, elle utilise la baignoire, elle utilise votre chambre, elle utilise l'escalier, elle utilise la terrasse ?

— Non, mais…

— Et, sauf erreur de ma part, vous n'êtes ni malade ni en situation de handicap ?

— Non…

— Donc je m'en tiendrai désormais à la tâche qui m'incombe, et estimez-vous heureuse que j'aie accepté de vous obéir jusqu'à aujourd'hui.

— Ça ne va pas se passer comme ça ! vociféra alors mon cerbère. Je vais appeler votre direction…

— Mais faites, lui répondis-je, ne vous gênez surtout pas. De mon côté, je vais prévenir le conseil général, et on avisera.

C'est alors qu'elle me prit méchamment par le bras et me secoua. Je vis rouge.

— Lâchez-moi, c'est une agression…

— Agression ? Je vais vous mettre deux gifles, ça vous remettra les idées en place, Anne-Sophie.

— Je vous demande de me lâcher immédiatement.

Elle continuait de me serrer le bras, tandis que le chihuahua essayait de me mordre. Son mari apparut sur ces entrefaites et lui demanda de me lâcher ; ce qu'elle fit. Je récupérai mes affaires, saluai Angèle et plantai là le couple.

Je savais en claquant la porte que je n'interviendrais plus jamais chez eux.

Ce fut ma première expérience de l'utilisation de l'argent public à d'autres fins que celles prévues.

7

Louise

Je ne revins jamais chez Angèle ; je savais qu'une collègue prendrait ma place, et c'était bien là l'essentiel. Je décidai par ailleurs de ne pas porter plainte pour agression ni de prévenir le conseil régional. Mais l'ambiance au travail se dégradait à vue d'œil : les démissions commençaient à pleuvoir, les réunions de mairie devenaient de plus en plus houleuses. Nos plannings nous étaient toujours fournis la veille ou l'avant-veille du mois qui allait débuter. Difficile dans ces conditions, pour une mère de famille, d'organiser son emploi du temps. J'avais appris que mes collègues demandaient depuis des mois de recevoir les plannings dans un délai raisonnable, en vain… Une nouvelle fois, la moutarde me monta au nez. De quel droit nous traitait-on de la sorte ? Je pris donc la décision d'étudier avec précision la convention collective, et ainsi de recueillir un maximum d'éléments pour que mes collègues et moi obtenions gain de cause.

*

Dans le même temps, j'héritai d'une nouvelle allocataire : Louise. Elle avait soixante-quatorze ans et vivait dans le village depuis quelques années. Après un divorce houleux, ses moyens financiers avaient largement baissé. Elle avait quitté un mari chef d'entreprise en Suisse et vendu son salon de coiffure pour s'installer en Camargue.

Louise habitait un appartement joliment décoré ; les murs, comme chez Juan, étaient quelque peu rongés par le salpêtre, mais l'endroit était luxueux. Louise était diabétique insulino-dépendante. Sa maladie, elle la gérait seule. Ses piqûres étaient devenues un automatisme. Mais le sort voulut que Louise fût touchée par un cancer. Opération, chimio, elle en avait pour deux ans avant de savoir si elle était ou non en rémission.

Quand je commençai mes interventions à son domicile, Louise avait pris la décision de se raser la tête pour ne pas avoir à subir la vue de ces cheveux qui tombent suite à la chimio. Elle, l'ancienne coiffeuse, qui prenait tant de plaisir à se faire brushing et mises en plis, elle qui considérait les cheveux des femmes comme un de leurs plus beaux atours, elle n'en avait plus. Elle n'était plus une femme dans son esprit, mais une malade. Je m'en rendis compte lors de ma première visite. Je compris alors que je devrais tout mettre en œuvre pour lui redonner la confiance que le cancer lui ôtait peu à peu, sinon elle dépérirait rapidement.

Avant de tomber malade, Louise était très active dans la vie de notre cité, elle allait à la chorale ou se promener, elle avait de nombreux amis et était bien entourée. Aujourd'hui, elle restait enfermée chez elle ; la crainte du regard des autres, les effets secondaires de la chimio et la fatigue qu'ils engendraient. Lorsque je débarquais chez elle, j'ignorais toujours comment j'allais la trouver. Allait-elle avoir la force de se lever, de marcher un peu ?

Pour rompre son isolement, elle n'avait trouvé comme solution qu'Internet et les tchats. Il lui était plus facile de parler à travers un écran à des inconnus que de se rendre au marché, lieu qu'elle affectionnait pourtant beaucoup avant sa maladie.

Même si ma fiche de poste stipulait : « entretien du domicile », j'aiderais Louise à continuer à vivre comme elle le faisait avant, sans honte, la tête haute. J'allais enfin pouvoir faire mon travail d'auxiliaire de vie sociale. Je m'étais donné des objectifs afin d'évaluer sa progression. La tâche serait longue et difficile, mais elle en valait la peine.

Le cancer équivaut à une double peine : non seulement il vous atteint physiquement, mais aussi socialement, émotionnellement, car il éloigne les amis. Il y a ceux qui vous évitent, comme s'ils craignaient la contamination ; il y a ceux qui redoutent de voir les effets dévastateurs de la maladie. On a du mal à mettre des mots sur le cancer, à parler sereinement de cette maladie ; autant on évoque la maladie d'Alzheimer (fréquemment en ironisant pour conjurer le sort sur le « elle perd la boule »), on parle de Parkinson à cause des tremblements qui inquiètent… mais comment aborder le cancer qui tue énormément ?

Le cancer tue, en effet. On éprouve des difficultés à parler ouvertement du cancer, on élude le plus souvent, de peur de nous porter la poisse, que la maladie ne nous touche à notre tour, nous ou les nôtres, rien qu'à prononcer son nom. J'ai toujours été abasourdie par le regard de l'autre sur cette maladie, et surtout lorsqu'elle concerne les femmes. En effet, on peut perdre ses cheveux quand on suit un protocole de chimiothérapie, mais la calvitie des femmes effraie, dérange, alors que celle des hommes est habituelle. Une femme chauve et sans sourcils se voit immédiatement étiquetée cancéreuse, rendant la maladie encore plus difficile à supporter pour la personne.

*

Louise était fatiguée, diminuée ; je l'aidais à marcher, à s'asseoir, mais j'étais déterminée à ne rien lâcher et à atteindre quelques objectifs simples pour commencer. J'aspirais à ce qu'un jour nous allions au marché ensemble. Car mon rôle, c'est aussi de rompre l'isolement.

J'intervenais vingt heures par semaine chez elle, j'y allais tous les jours, cela me permettait de suivre sa progression.

Au début, elle pleurait beaucoup, et la majeure partie de mon temps était consacrée à l'écouter. L'écouter me permettait aussi d'en apprendre plus sur sa vie, ce qu'elle aimait faire avant, comment elle imaginait la suite. La suite, justement, elle ne l'envisageait pas. Elle n'aspirait qu'à mourir pour ne plus souffrir.

Mais que signifiait « ne plus souffrir » pour Louise ? Ne plus souffrir des effets de la chimio et des douleurs physiques, ou ne plus souffrir de cet isolement et de cette image si détériorée d'elle-même ? C'est elle qui me donna la réponse : sa solitude lui pesait plus encore que tout le reste. Elle ne comprenait pas pourquoi ses amis semblaient l'avoir abandonnée à son triste sort, et elle avait le sentiment de se battre seule.

*

Deux semaines déjà que je voyais Louise tous les jours. Les progrès étaient visibles : elle se levait de plus en plus. Pour permettre d'autres avancées, il fallait désormais prendre des décisions, et notamment réorganiser son intérieur. Chaque jour, en effet, elle se prenait les pieds dans le tapis à la sortie de sa chambre et se rattrapait au coin de la commode. Comment engager la conversation sur le sujet sans lui rappeler son état ? Avec empathie, diplomatie, en ayant une approche positive du changement et en insistant sur son caractère temporaire.

Elle accepta, un peu à contrecœur, mais consciente du fait que ces modifications lui permettraient de se déplacer mieux et en toute sécurité.

*

Les semaines, les mois s'écoulaient, ponctués par les rendez-vous à l'hôpital pour suivre le traitement de chimiothérapie, et les jours qui suivaient oscillant entre fatigue et nausées. Sa marche devenait plus assurée ; tous les jours, Louise et moi effectuions quelques pas dans la cour. Elle participait à mes activités : assise sur le banc, par exemple, elle me passait le linge à étendre. Mais mon objectif n'était pas encore atteint.

Louise avait décidé de ne pas porter de perruque mais un foulard. Elle ne supportait plus de voir son crâne si chauve. Face à son ordinateur, des photos étaient accrochées au mur. Celles d'une jolie femme aux cheveux couleur de blé. Celles des jours heureux. C'est pour cette raison que les sorties en dehors de la cour lui paraissaient impossibles : que diraient les gens de son foulard ? J'eus soudain l'idée saugrenue de lui demander si elle en avait un autre. Elle m'en sortit un du tiroir de la commode, et je me l'attachai sur le crâne. J'avais décidé que moi aussi je serais chauve, et que nous sortirions ainsi.

C'est la première fois que je vis Louise sourire. Elle se moquait allégrement de ma coiffe « œuf de Pâques »… mais qu'importe, le ridicule ne tuant pas, j'avais bien dans l'idée que nous sortirions ainsi toutes les deux. Après de féroces négociations, elle accepta enfin. Nous décidâmes d'aller au bout de sa rue et de revenir. Chaque fois que nous croisions quelqu'un, Louise me serrait le bras à me couper la circulation sanguine. Je posai alors ma main sur la sienne pour l'apaiser.

Sans s'en rendre compte, elle avait fait beaucoup plus de pas que d'habitude ; comme quoi, elle en avait les capacités. Il fallait poursuivre nos efforts ! Je ne savais pas quand, mais j'étais certaine d'une chose : je l'emmènerais au marché…

*

Un lundi, à mon arrivée, Louise était habillée et avait déjeuné. Quel plaisir de la voir en si bonne forme ! Elle s'était débrouillée seule ce matin-là. Il était peut-être temps de finaliser mon objectif.

— Louise, avez-vous besoin de courses au marché ?

— Oui, il me faudrait des fruits et des légumes…

— Quoi, comme fruits et légumes ?

— Oh, ce que tu trouves, tu connais mes goûts.

— Pas vraiment, Louise… Et choisir les meilleurs produits, vous savez que ce n'est pas mon fort…

Elle me stoppa net et me dit :

— Tu te moques de moi ? Tu as toujours bien acheté les fruits et les légumes !

— Certes, mais aujourd'hui, je préférerais que vous veniez avec moi. Et puis ça vous ouvrira l'appétit. Vous n'avez pas envie de choisir vous-même ce qui vous ferait plaisir à manger ?

— Si, si, bien sûr, mais ça veut dire qu'il faut que je t'accompagne au marché… C'est trop loin…

— Mais non, Louise, on marche depuis quelques jours dans la rue… et on s'arrêtera au besoin. Vous auriez le foulard que vous m'aviez prêté ?

— Pour quoi faire ?

— Pour aller au marché avec vous…

— Tu vas sortir comme ça ?

— Bien sûr ! Sauf si je vous fais honte…

Elle sortit le foulard du tiroir, c'est elle qui m'en coiffa, et nous partîmes toutes les deux, direction le marché. Elle me serrait toujours le bras, je posais encore ma main sur la sienne. Certes, il y eut bien quelques regards de passants sur nos coiffes, mais qu'importe, nous étions en chemin.

Le marché se profilait à l'horizon. Louise était terrifiée à l'idée de rencontrer des connaissances. Dès les premiers pas dans les ruelles étroites, une de ses amies l'interpella. Louise fit mine de ne pas entendre et continua d'avancer, mais la dame âgée nous rattrapa :

— Louise, comme ça fait plaisir de te voir ! Comment vas-tu ?

— Ça va… Tu vois, je commence à pouvoir aller au marché.

— Merveilleux ! Mais dis-moi, tu sais qu'à la chorale tu as toujours ta place ! Il faut que tu reviennes.

— Oui, je vais y penser.

— Non, cesse d'y penser, reviens ! Mais qu'avez-vous donc mis sur vos têtes ?

— Ce sont nos coiffes d'Arlésiennes ! répondit-elle non sans un certain humour.

À cette réponse, nous rîmes toutes les trois. J'avais gagné mon pari.

*

Il avait fallu six mois, mais Louise recommençait à vivre et savait dorénavant qu'elle n'était pas aussi seule qu'elle l'avait pensé. Cette visite du marché dura des heures. C'est moi finalement qui commençais à fatiguer d'être debout : Louise discutait à droite à gauche... Elle gagnait autant sur la maladie que sur l'image qu'elle avait d'elle-même. Quant à moi, j'avais fait mon métier dans toute sa noblesse.

Aujourd'hui, Louise est intenable, sort, bouge, participe de nouveau à la vie de la cité, n'a plus besoin de mon bras pour aller au marché. Je suis Anne-Sophie, elle est Louise, et notre histoire est liée par deux foulards colorés.

8

Une légère brise de révolte

J'étais revigorée, j'avais avec Louise réussi à exercer mon métier comme mes valeurs me le dictaient. Je slalomais cependant entre les peaux de banane qu'on me lançait. La direction de l'association voulut renouveler d'un coup tous mes allocataires. Évidemment, je m'y opposais ; mes collègues aussi : chambouler mon emploi du temps signifiait modifier le leur, car elles récupéreraient mes allocataires et moi les leurs.

Ma supérieure me reprochait mes dépassements de quelques minutes chez certains bénéficiaires, de déborder du cadre de mes tâches… Tout était bon à prendre, à reproches. Elle avait encore en travers de la gorge ce diplôme obtenu sans son aide. Pour la convaincre qu'elle se trompait, je lui proposais régulièrement de m'accompagner, mais elle refusait systématiquement ma proposition.

Je décidai de ne plus l'écouter et je continuai à monter mon dossier sur les manquements de cette association au code du travail. Mes collègues étaient au courant et s'impatientaient. Mais il faut être patient, dans ces moments-là. La convention collective était devenue mon livre de chevet. Chacune de mes consœurs m'avait apporté ses plannings des trois dernières années, ses différents contrats et ses fiches de paie. Entre Cathy, qui n'avait pas eu sa majoration de 1,50 euro pour avoir travaillé un 1er mai, et ce depuis un an, Mathilde, qui avait enchaîné les CDD sans avoir été payée des primes de précarité, Véro, qui se battait pour le remboursement de ses kilomètres et ces plannings toujours donnés la veille du mois suivant, il y avait matière à plaidoirie. J'avais du pain sur la planche…

Pourquoi m'avaient-elles choisie comme porte-parole, je ne peux le dire. Mais c'était ainsi ; et l'étude de tous leurs documents sur trois ans allait me prendre du temps. Il fallait que je sois au point, et chaque soir, dossier après dossier, je relevais les infractions au code du travail ou à la convention collective.

Il y avait aussi un problème avec le comité d'entreprise. Mon employeur n'était pas équitable envers tous les employés, et le montant des chèques cadeaux pour Noël fondait comme neige au soleil. De 100 euros par employé, ils avaient baissé à 50. Une vague histoire de redressement URSSAF en guise d'explication, nous avait répondu la direction. Mais la véritable raison du redressement de 24 000 euros dont faisait l'objet le comité d'entreprise restait floue. Encore une fois, les employées payaient les manquements des dirigeants. C'est à ce moment-là que j'ai commencé à m'intéresser à la défense des salariés, mais je crois que j'ai toujours eu en moi cette envie d'en découdre, et, pour la première fois, on me donnait l'occasion d'exercer mon « talent ».

J'avais promis à mes collègues d'avoir étudié chaque cas pour la réunion mensuelle suivante. La tâche était titanesque, dans quoi m'étais-je engagée ? J'arpentais les rues du village la journée, et le soir, dès le repas terminé, j'analysais et j'analysais encore. Je comptabilisais dans chaque planning les jours de repos hebdomadaires non donnés, et ce sur deux ans. Les chiffres étaient effarants ! Un inspecteur du travail se délecterait du résultat, mais avant d'en arriver à ce stade, nous devions nous battre au niveau local.

*

La fameuse réunion suivante arriva. J'avais mon paquet de dossiers sous le bras, la convention collective, mes notes, j'étais prête. Notre chef de service commençait juste à prendre la parole quand je levai le doigt.

Comme une sorte de déclaration liminaire, je commençai à exposer certains soucis et demandes au nom de mes dix collègues et de moi-même : cela faisait des mois que nous souhaitions les plannings en amont, nous avions bien conscience que la requête devait remonter dans les hautes sphères mais, dans les faits, elle avait du mal à redescendre.

Et j'enchaînai, au cas par cas, en pointant les erreurs, les jours de repos non donnés, etc.

La réaction de la chef de service fut laconique :

— Faites un courrier à la direction !

La réunion se poursuivit dans une ambiance tendue. Mes collègues n'avaient pas apprécié la réponse de notre supérieure. À la fin de la séance, nous nous retrouvâmes au bar, devant la mairie, et la décision fut prise de rédiger un courrier commun. Dans les jours qui suivirent, il fut envoyé en recommandé avec accusé de réception. Nous avons toutes signé sans exception. Il n'y avait plus qu'à attendre.

N'ayant pas eu de réponse à notre courrier, nous avons réitéré nos demandes lors de la réunion de service suivante. Notre chef de secteur ne savait pas où elles en étaient, et les décisions des hautes sphères, elle ne les connaissait pas… La colère montait, doucement mais sûrement. Nous ne pouvions pas rester à attendre, l'esclavagisme avait assez duré. Si la montagne ne venait pas à nous, alors nous irions à elle.

Nous avons donc rédigé une seconde lettre, précisant que, si nous restions sans réponse sous quinze jours, nous serions dans l'obligation d'informer les autorités compétentes.

Bizarrement, un courrier arriva sous huitaine, nous indiquant que la directrice se déplacerait lors de la prochaine réunion et nous proposerait un accord. C'était aussi simple que ça ? Nous n'étions pas dupes : si nos employeurs souhaitaient nous faire une proposition sans même discuter, c'était que notre dossier dérangeait et qu'il fallait éteindre le feu avant qu'il ne se propage. Si tous les salariés de l'association, soit 1 500 personnes, étaient concernés, beaucoup d'argent avait dû être économisé. Et pourquoi personne ne s'était-il intéressé à ce problème avant moi, notamment les délégués du personnel ? Que de zones d'ombre à explorer… Je demanderais à voir le cahier des délégués du personnel afin de savoir si d'autres collègues rencontraient des problèmes. Cela me donnerait déjà un premier baromètre de la situation. L'association existe depuis quarante ans, le cahier doit être aussi épais qu'un annuaire téléphonique, enfin, je l'imaginais.

J'envoyai donc le soir même un mail à ma directrice pour lui demander s'il était possible de consulter le cahier des DP lors de sa venue, nous avions des questions à y apposer. Elle me répondit par l'affirmative.

Entre l'argent public qui était détourné pour des enfants d'allocataires sous couvert de l'association, les formations qu'elle ne dispensait pas, ce redressement URSSAF que les employés payaient en ne bénéficiant plus de leurs 100 euros annuels en chèques cadeaux, le code du travail qui était largement oublié, la convention collective qui était dans leur esprit une notion bien vague, nos employeurs cumulaient les manquements.

Lors de la réunion suivante, la directrice était bien présente. Le cahier des délégués du personnel aussi. Mais quand je l'ouvris, surprise : il n'y avait pratiquement rien d'inscrit à l'intérieur. Quatre pages noircies, des demandes qui dataient de dix ans… Aucun salarié n'avait jamais rien réclamé ? J'inscrivis nos questions sur le cahier presque vierge et la directrice commença son discours. Elle proposa de nous payer les jours de repos non pris. Aucune négociation ; dans sa grande bonté, l'association préférait nous les payer que de nous les faire récupérer. Elle annonça parallèlement qu'elle n'était pas gestionnaire des paies, et que tout allait être régularisé. Les filles étaient contentes, mais je restais dubitative. Pourquoi était-ce si simple ? Nous avions poireauté deux mois et, par un coup de baguette magique, tout allait rentrer dans l'ordre ?

Au culot, et comme il me manquait quelques plannings, je demandai à la directrice si, dans le protocole de proposition qui allait nous être fait, les plannings seraient ajoutés, afin de vérifier le bon calcul des jours de congé. Elle répondit par l'affirmative.

Il n'y avait plus qu'à attendre…

9

Du Simenon

J'intervenais chez une dame, dont je tairai le nom par respect pour cette femme âgée qui mourut dans des conditions indignes. Appelons-la Solange. Son état de santé s'était largement dégradé, et la fin de vie approchait à grands pas. Elle souhaitait mourir chez elle, mais je doute qu'elle ait imaginé la façon dont cela se passerait. Elle ne pouvait plus vraiment manger ni s'hydrater, et une perfusion lui avait été posée. Très vite, les enfants décidèrent qu'il ne fallait pas s'acharner. Mais de quel acharnement s'agissait-il ? Elle n'avait pas été hospitalisée de force, sa volonté était respectée, elle ne subissait aucun traitement si ce n'était le minimum pour vivre.

Un jour, la perfusion fut donc retirée. Les patchs de morphine s'entassaient presque les uns sur les autres. Tombée dans un coma profond, Solange résistait, au grand dam de ses enfants dont certains commençaient déjà à se disputer tel ou tel meuble. Je ne suis pas là pour m'interposer dans les familles, mais comment ne pas être amère devant un tel comportement ?

Cette femme allait mourir de déshydratation, sous hautes doses de morphine ; le corps médical en avait décidé ainsi, c'était la fin, quelques jours de plus ou de moins ne changeraient pas la finalité de l'histoire.

J'eus même la désagréable surprise de trouver sur la commode le certificat de décès déjà signé, auquel il ne manquait plus que la date et l'heure. Et pendant que ces imbéciles continuaient leur inventaire, je voyais la dame qui s'éteignait. Je m'étais occupée d'elle quelque temps, et j'étais avec elle dans cette chambre pour ne pas la laisser partir seule.

Je commençais à me demander si j'allais continuer ce métier. J'assistais à une euthanasie en bonne et due forme ! Mais qui s'interrogerait sur le décès de cette vieille femme malade dans un petit village au fin fond de la Camargue ? Qui se poserait des questions ? Personne !

Le certificat de décès stipulait « mort naturelle ».

Mort naturelle ? La déshydratation entraîne la mort mais n'est en rien naturelle ! Et les patchs de morphine collés un peu partout sur son corps faisaient plutôt penser à une overdose. Mais comme les enfants ne demanderaient pas d'autopsie, l'affaire était d'ores et déjà pliée.

Des mots comme « assassinat » agressaient mes pensées, et je ne pouvais rien faire. Du moins pour le moment. Chaque chose en son temps.

D'un seul coup, il y eut un bruit terrible dans la maison. Je sortis de la chambre pour voir ce qu'il se passait. Les enfants retournaient les tiroirs à la recherche d'une copie du testament. Le paroxysme de l'horreur me sembla être atteint. Ils avaient étalé tous les papiers par terre, afin de mettre la main sur le document avant que d'autres membres de la famille n'arrivent.

Ils avaient fouillé toute la maison et n'avaient rien trouvé. Ils invectivaient leur mère, supputaient le partage inégal qu'elle avait dû faire, « la mégère », comme ils la nommaient à cet instant précis.

Je voyais l'argenterie disparaître, les bijoux s'envoler, les meubles être partagés... Et elle s'enfonçait... Je pensai qu'elle serait peut-être finalement mieux où elle irait.

*

Quand Solange est décédée, dans l'heure qui suivit, les présents avaient déménagé la moitié de la maison. Un camion stationnait dans la cour. Il avait été rempli puis était parti. Dans quelle direction ? Je l'ignorais. Solange s'en était allée, et ses meubles aussi.

Il était temps pour moi de quitter ces lieux où je ne reviendrais jamais, puisque le décès d'un allocataire signifie la clôture immédiate du dossier. Je lui dis au revoir, je présentai mes condoléances aux charognards et je sortis sans demander mon reste, après avoir refusé de faire la toilette mortuaire de cette dame, que les enfants m'avaient demandée afin d'économiser sur l'acte du thanatopracteur...

Arrivée sur la place du marché, je me suis assise et j'ai pleuré. Le spectacle auquel j'avais assisté m'avait fait prendre conscience de ce que pouvait être une famille dans certains cas. Mes illusions s'étaient envolées, mes rêves étaient devenus des cauchemars ; allais-je continuer ce métier ? Allais-je accepter d'être la spectatrice impuissante de l'amoralité ? Mémé, où sont toutes ces valeurs que tu m'as enseignées ?

*

Dix minutes s'étaient écoulées. Dix minutes de questions sans réponses, dix minutes durant lesquelles j'étais restée tétanisée par la tristesse. Je suis évidemment pour que nos aînés puissent mourir chez eux, mais pas dans ces conditions.

« Respire, reprends-toi. »

Je pris mon téléphone ; il fallait que je vomisse mon mal-être. J'appelai ma responsable de secteur :

— Oui, Anne-Sophie ?

— Mme X est décédée, elle a été assassinée.

— Assassinée ? Mais comment ça, assassinée ? Allons, Anne-Sophie...

— Comment appelez-vous le fait de laisser mourir quelqu'un de soif et en surdose de morphine ? Et que pensez-vous des enfants qui vident la maison le jour même et d'un certificat de décès signé alors que la personne est toujours en vie ?

— Anne-Sophie, vous êtes bouleversée, mais cela ne nous regarde pas...

— Mais ne pourrions-nous pas, je ne sais pas, porter plainte, au titre de citoyen ?

— Non, Anne-Sophie, nous ne nous mêlerons pas de cette histoire, ce serait votre parole contre celle de la famille.

— Vous plaisantez ?

— Pas du tout, Anne-Sophie, c'est ainsi, le dossier est clos.

— Le dossier est clos ? Où est passée votre humanité ?

— Bon, écoutez, Anne-Sophie, j'ai des appels en attente, je vous ai dit que nous ne nous mêlerions pas de cette histoire. Rentrez chez vous, maintenant.

Elle raccrocha sans même un au revoir. Je venais de prendre une nouvelle claque. Je suis restée assise encore un moment sur le banc, j'ignore combien de temps exactement, quand mon téléphone a sonné. Ma chef de service. Elle tombait à point nommé.

— Anne-Sophie, vous pouvez m'expliquer pourquoi vous êtes en retard chez Louise ?

— Excusez-moi, mais êtes-vous au courant ?

— De quoi ?

— De ce que je viens de vivre…

— Votre responsable de secteur m'a appris le décès de Mme X. C'est un dossier clos, désormais, et je vous saurais gré de vous rendre à votre prochaine intervention dans les plus brefs délais.

— Vous me sauriez gré ? À mon tour, je vous saurais gré de bien vouloir respecter mon deuil et mon humanité ! Ah ! Mais que suis-je bête, j'oubliais, vous, c'est plutôt chiffres, dossiers…

— Je ne vous permets pas de me parler ainsi, je suis votre supérieure !

— Supérieure ou non, je continuerai à dire ce que j'ai à dire, mais si vous trouvez que je dépasse les bornes, licenciez-moi pour insubordination ! Au moins, je n'aurai plus à subir ce que j'ai subi ce matin. Vous me rendriez un grand service !

— Anne-Sophie, vous rendez-vous à votre intervention ?

— Oui, bien sûr… Bonne journée, madame.

Je raccrochai. Amère, en colère. Abasourdie par tant d'indifférence, de cynisme. Mais cette conversation aurait au moins servi à une chose : me persuader de continuer à apporter ce que je pouvais à mes allocataires – du moins tant qu'ils seraient vivants.

10

Charles

Je me rendais rarement chez Charles, mais j'aimais beaucoup ce vieux monsieur atteint de la maladie d'Alzheimer. Il était veuf, grand, et portait des lunettes rafistolées avec du ruban adhésif. Il ne s'était jamais remis de la mort de son épouse. Un cancer du poumon lui avait enlevé son âme sœur trop tôt. Il en parlait régulièrement, les larmes aux yeux. Ses souvenirs concernant sa femme étaient intacts ; en revanche, il ne se rappelait plus son métier...

Dans sa chambre, l'urne funéraire contenant les cendres de sa bien-aimée était posée sur la table de chevet. Probablement une façon pour lui de continuer de dormir à ses côtés. C'était quant à moi mon premier face-à-face avec une urne, et pénétrer dans cette chambre, pour faire le lit et le ménage, m'avait mise mal à l'aise au début. Et puis, malheureusement je dirais, on s'habitue à l'objet, qui devient à la longue un bibelot comme un autre.

Ce n'est qu'en écrivant ces lignes, en me remémorant la chambre, les rideaux bleus, le grand lit, que je me rends compte que ce n'était finalement pas un objet comme un autre. *Elle* était à l'intérieur. Sa femme, sa moitié, son amour. Cette urne que j'essuyais à chacun de mes passages, cette photo que j'époussetais machinalement, cette rose éternelle sur laquelle je soufflais pour enlever la poussière et ces immortelles qui me taquinaient à ne jamais vouloir rester posées sur cette table, je m'y étais habituée. Et ce sentiment m'est insupportable aujourd'hui. On fait par réflexe, sans y penser, parce que c'est comme ça, et on oublie toute la symbolique et l'importance de l'objet. J'ai soudain la désagréable sensation de lui avoir manqué de respect.

*

Les souvenirs immédiats de Charles passaient comme des nuages dans le ciel par grand mistral, mais les plus anciens persistaient. Il ne se souvenait jamais de mon nom, il m'appelait « ma grande ». Mes interventions chez lui se cantonnaient à la préparation des repas. Charles passait son temps devant la télévision, devant France 2 plus exactement, puisqu'il ne savait plus comment changer de chaîne. Il oubliait même parfois qu'il avait une chambre et dormait la nuit sur le grand canapé, sans même s'être mis en pyjama. Et le lendemain matin, je le trouvais comme je l'avais laissé la veille au soir.

Charles était incapable de me dire si les infirmières venaient bien quotidiennement pour sa toilette, et j'avoue que je restais quelquefois dubitative quant à leur passage…

Un matin, je pris le cahier de liaison et y lus : « douché ce jour ». Je me tournai vers Charles : il portait les mêmes vêtements que la veille, sa barbe n'avait pas été rasée, ses cheveux étaient toujours aussi gras. J'étais perplexe.

Mais il était l'heure de faire manger Charles, qui trépignait d'impatience. Le foyer-restaurant, organisme ou partenariat public-privé qui permettait aux personnes âgées de manger pour 6 euros, avait comme d'habitude rangé les barquettes du repas dans le réfrigérateur du garage ; je n'avais plus qu'à les lui faire réchauffer. Je l'associai à la mise du couvert ; Charles était heureux, riait, me parlait. Il chantonna aussi, Ray Ventura et ses Collégiens. Il dansa même ! Il était si beau et si heureux… Je l'appelais Charles le bienheureux.

Les tracas de la vie quotidienne glissaient sur lui. Douche ou pas douche, peu lui importait ; de toute façon, il ne se souvenait plus. Moi, en revanche, la question me taraudait. Je ne voulais pas accuser qui que ce soit, mais j'avais des doutes. Afin d'en avoir le cœur net, ce jour-là, je m'enquis de l'humidité des serviettes et des gants dans la salle de bains.

J'y trouvai deux serviettes sèches comme du bambou, et deux gants de toilette à la limite de la lyophilisation. Je cherchai dans la panière de linge sale au cas où les serviettes y auraient été jetées. Rien. Et mon opinion fut faite lorsque je constatai que la douche aussi était sèche.

Quand je descendis au rez-de-chaussée, je ne pus m'empêcher d'apposer un commentaire après le « douché ce jour » : « Douché, parfait, l'eau était sèche probablement ! »

Je n'avais pas l'autorisation de laver Charles, ni aucun autre allocataire d'ailleurs, sous peine de poursuites pénales si jamais un accident arrivait ; c'était le rôle des infirmières. Je savais que mon commentaire déplairait fortement, mais qu'une infirmière se fasse payer un acte qu'elle n'effectuait pas me déplaisait tout autant. Il faut savoir que, plus on fait de toilettes, plus on gagne. Si vous y ajoutez le forfait kilométrique et le déplacement, c'est de l'argent facilement gagné.

C'était la première fois que j'étais confrontée à ce genre d'abus. La Sécurité sociale ne contrôlant pas si les actes sont effectués, tout est facturable. Toujours est-il que Charles n'avait pas eu sa toilette.

*

Charles n'avait pas d'enfant, c'était l'un de ses plus grands regrets. Il ne lui restait qu'un très vague cousin très éloigné et qui vivait loin, il était donc sous tutelle. Un juge gérait ses comptes, et nous devions passer par lui pour engager la moindre dépense, comme acheter des vêtements. Toutes les semaines, un délégué apportait le minimum syndical afin que nous puissions faire des courses pour le repas du soir qui était à la charge de Charles. Pour tenir le mois entier, aucune folie possible : nous devions choisir les produits premier prix.

La tutelle… En voilà, un mot barbare. Comment en une décision vous êtes dépossédé de votre vie. Vous n'existez plus, vous ne décidez plus, on décide pour vous. La tutelle de Charles avait été sollicitée sans son accord, sans qu'il ait pu signifier à quiconque que son esprit était toujours vif. On ne demande jamais l'avis de nos aînés lorsque la tutelle est mise en place. Les juges des tutelles sont souvent injoignables, impossible donc de faire face aux urgences. Et puis, plus un juge a de tutelles sous sa responsabilité, plus il est payé par l'État, donc plus il gagne d'argent. Mais que sait-il, ce juge, qui, je le rappelle, prendra désormais toutes les décisions inhérentes à la vie quotidienne de Charles, des besoins, des habitudes, des envies de ce dernier, alors qu'il ne se base que sur des diagnostics et ne se déplace jamais ?

Nos demandes de nouveaux vêtements pour Charles, qui avait grossi, de chaussettes neuves, parce que les anciennes étaient usées jusqu'à la trame, restaient lettre morte, tout comme l'intervention d'un plombier. Et lorsque Charles eut besoin d'une bonne pédicure, nous avons dû la payer avec l'argent de vie du mois, ce qui réduisit le budget nourriture !

Charles était un oublié, là-bas aussi, sûrement, un numéro de dossier.

*

Nous approchions de Noël, et j'avais envisagé de passer la soirée du 24 décembre avec lui. Cela sortait largement du champ de mes activités et allait à l'encontre du recul professionnel prôné par nos supérieurs. Mais ma décision était prise : j'intervenais justement chez lui ce soir-là, il serait ainsi moins seul. Charles aimait Noël ; nous avions décoré ensemble la maison. Comme un enfant qui attend la venue du Père Noël, il chantait Tino Rossi. Il me demandait sans cesse comment étaient les illuminations dans le village ; je lui proposai donc d'aller les voir par lui-même. Charles n'avait plus l'habitude de sortir, de peur de se perdre, et restait enfermé trois cent soixante-cinq jours par an chez lui. Très enthousiaste et rassuré par ma présence à ses côtés, il s'habilla, monta dans ma voiture, et nous prîmes la direction du village.

Ses yeux brillaient à chaque guirlande lumineuse. Des « Oh, c'est beau ! » se firent entendre tout le long de la balade.

Nous sommes passés à trois reprises devant les mêmes décorations, et Charles s'émerveillait de la même manière chaque fois, ayant oublié qu'il les avait déjà vues. Mais qu'importe, il était heureux.

Mon mari, mes enfants et moi avons ensuite passé la soirée du 24 en compagnie de Charles, chez lui. Nous avons préparé le repas ensemble : Charles a tartiné les toasts, les enfants ont décoré la table, mon époux et moi avons fait réchauffer ce qui avait été préparé à la maison. Nous avons écouté des chants de Noël, nous avons mangé, ri, chanté ; nous avons passé un réveillon différent, mais marquant. Charles s'en souviendrait-il ? Personne n'en savait rien, mais ce soir, il riait, les yeux encore éblouis par le spectacle des décorations.

Les heures avançaient vite, et il allait falloir rentrer. J'avais peur que Charles vive mal notre départ. Nous avons rangé ensemble, et nous avons expliqué à Charles que nous devions rentrer chez nous. Il en avait bien conscience. Nous avons eu droit à une bise, mes enfants lui ont fait un câlin.

Il est resté sur le pas de la porte quand nous sommes montés en voiture. Il nous a recommandé d'être prudents sur la route, un peu comme si nous faisions partie de sa famille, il nous a regardés un instant et a fermé sa porte à clef. C'était une habitude qu'il n'oubliait pas. Qu'a-t-il fait ensuite, je l'ignore, mais ma famille et moi étions un peu tristes de le laisser.

*

Cette décision de passer du temps avec lui sortait largement du cadre professionnel ; je le savais, ma famille aussi. Mais le plus important était que nous ayons apporté du bonheur à ce vieux monsieur seul. Il ne m'avait pas fallu beaucoup argumenter auprès de mon mari et de mes enfants pour les convaincre de m'accompagner dans ce projet. Ils me connaissent, et si je leur demande d'être là pour une personne âgée, ils le seront. Sans hésitation.

Ce soir-là, les enfants ont aussi pu appréhender la difficulté de vieillir, de vivre avec la maladie, le handicap. Ils ont compris quelle chance ils avaient eue de vivre avec une grand-mère en pleine forme et avec toute sa tête. Je suis persuadée que c'est en changeant le regard des générations futures sur la vieillesse que les choses avanceront, que nous deviendrons solidaires les uns des autres. Noël ne se résume pas à une fête commerciale, c'est aussi une occasion de se retrouver en famille dans la joie et le partage. Et ce soir-là, nous étions la famille de Charles.

*

Je pensais qu'il ne se souviendrait pas de ce 24 décembre. Je me trompais : chaque fois que je retournais chez lui, Charles me disait :

— Dis, tu te souviens du Noël qu'on a fait ensemble ? Ils étaient gentils, les gosses. On a bien ri, dis, tu t'en souviens ?

— Oui, Charles, je m'en souviens.

Dix minutes plus tard :

— Dis, tu te souviens du Noël qu'on a fait ensemble ? Ils étaient gentils, les gosses. On a bien ri, on a bien mangé, tu t'en souviens ?

Avec le sourire, je répondais chaque fois la même chose :

— Oui, Charles, je m'en souviens…

Charles était un homme gentil qui oubliait, mais finalement, pas tant que cela.

11

Neuf mois plus tard

Depuis que nous avions pointé les dysfonctionnements et les manquements de l'association envers le code du travail, nous n'avions pas encore lu la moindre ligne de protocole d'accord pour régulariser les situations. Entre-temps, j'avais été désignée responsable de section syndicale et, tout auréolée de ce nouveau statut, j'imaginais bien faire avancer les débats. Je m'étais engagée auprès de mes collègues à mener ce dossier jusqu'au bout, et je les voyais perdre patience. Il fallait maintenant prendre le taureau par les cornes.

Les mails que j'envoyais ne recevaient plus de réponse, si ce n'est un laconique « On s'en occupe ». J'avais donc décidé qu'il serait maintenant judicieux de monter d'un cran : si la directrice ne voulait pas entendre raison, j'allais demander que le président de l'association prenne une décision.

Voici le courrier que j'adressai à la direction :

« Madame la directrice,

« Depuis maintenant neuf mois, nous en sommes toujours au même point concernant les infractions que vous avez faites en vertu de la convention collective et du code du travail. Par la présente, le collectif des auxiliaires de vie vous demande instamment lors de la prochaine réunion mensuelle la présence de notre président afin de débattre sur les régularisations que vous avez à faire en vertu des articles tant… et tant… du code du travail et de la convention collective. Sans réponse favorable de votre part sous quarante-huit heures, nous nous verrons dans l'obligation de porter collectivement cette affaire devant le conseil des prud'hommes, et il nous semble que, dans l'intérêt de tous, ce n'est pas souhaitable.

« Recevez, Madame la directrice, mes sincères salutations. »

Le lendemain en ouvrant ma boîte mail, je découvris ceci :

« Madame,

« J'ai pris note de votre demande et sachez que notre président sera donc présent à la prochaine réunion mensuelle qui se tiendra le 28 dans les locaux de la mairie comme habituellement.

« Veuillez agréer mes respectueuses salutations. »

Nous avions enfin une réponse constructive. Ce mail redonna un peu de force aux filles qui espéraient voir enfin le bout du tunnel.

*

Le jour de la grande réunion arriva, et pour une fois nous étions toutes à l'heure. Un vieux monsieur aux cheveux gris et en costume, la directrice et notre chef de service étaient présents. L'homme s'assit en bout de table et prit la parole. Il commença à nous expliquer la genèse de l'association, nous rappelant au passage que sa dernière visite dans le village remontait à quarante ans en arrière, quand il avait créé l'association et qu'il était venu proposer ses services à la mairie. L'homme était gentil ; nous avions le sentiment qu'il venait d'être informé des problèmes qui agitaient notre groupe. Il s'offusqua des manquements de sa propre association, lui qui avait été partie prenante dans la mise en place de la convention collective.

Nous attendions sagement qu'il termine son discours et ses compliments sur notre travail, insistant sur l'importance de notre métier dans l'accompagnement des personnes âgées restées à leur domicile. Il ne parla évidemment pas du tarif horaire qu'il facturait aux mêmes personnes âgées ; bien sûr, nos salaires étaient trop bas, mais c'était le salaire conventionnel, et il ne pouvait y déroger.

En réalité, rien ne l'empêchait de mieux payer ses employés, me dis-je en moi-même. Mais ce discours, nous le connaissions déjà par cœur.

Au bout d'une heure, la directrice sortit de son sac un paquet de dossiers. Chacune de nous reçut un protocole d'accord à signer, dans lequel la direction s'était chargée de compter les jours de repos non pris et de calculer ainsi le manque à gagner. Nous n'aurions qu'une année de rétroactivité, nous en avions demandé deux. Mais au moins le dossier avançait. Nous avons chacune lu ce qui était énoncé, et chacune de nous marqua un temps d'arrêt sur l'article suivant :

Article 6 – Clause de confidentialité

Madame Untel, en signant le présent protocole, s'engage à respecter une clause de confidentialité du présent accord. Dans le cas où Madame Untel ne saurait respecter cette clause, l'association se donne le droit de poursuivre la salariée devant le conseil des prud'hommes.

Nos employeurs nous demandaient noir sur blanc de ne pas divulguer cet accord. Pourquoi ? Très vite, nous avons compris que, si nous ébruitions ce que nous avions obtenu, d'autres collègues exigeraient le même traitement. Si le procédé existait chez nous, il devait en être de même à Marseille, par exemple. Or, dans une ville de cette taille, ce n'était pas dix salariés qui pouvaient potentiellement demander réparation, mais peut-être mille. Les finances de l'association en prendraient un coup.

Nous avons collectivement refusé de signer le protocole avec cette clause de confidentialité. L'union faisant la force, la direction accepta de supprimer l'article. Elle nous pressait de signer ; répétant que c'était la meilleure offre qu'elle pouvait nous faire. Nous avions tant le sentiment qu'on cherchait à acheter notre silence qu'aucune de nous n'avait l'intention de parapher le document sur un coin de table. Ils nous avaient fait attendre neuf mois, nous n'étions plus à quelques jours près.

Nous avons signifié à la direction que nous allions d'abord vérifier le comptage, puisque tous les plannings étaient agrafés au document. Notre chef de service avait subitement perdu l'assurance et la hauteur que nous lui connaissions. Une fois la réunion terminée, comme à notre habitude, nous nous sommes retrouvées au troquet d'en face et avons acté que je relirais nos protocoles pour traquer d'éventuelles erreurs. Je n'en trouvai au final que peu, que je corrigeai sur chaque document. J'appelai ensuite toutes mes collègues pour que chacune vienne récupérer son dossier le lendemain à la maison. Pour fêter notre victoire, j'avais mis au frais une bouteille de rosé et préparé quelques gâteaux.

Le lendemain soir, toutes étaient présentes, et toutes savaient exactement combien elles auraient en plus sur leur paie ce mois-là. Mathilde avait retrouvé ses 10 % de précarité sur tous ses contrats à durée déterminée, Cathy avait récupéré son 1er mai, et tout était rentré dans l'ordre. Elles n'y avaient pas forcément toutes cru au départ, mais nous avions gagné. Juste parce que l'enquiquineuse que j'étais avait décidé de plonger son nez dans les plannings. L'attente avait duré neuf mois, mais nous y étions parvenues car nous avions été solidaires.

Cependant, notre combat avait laissé des traces chez la partie adverse. La direction avait précisément compris que nous étions soudées et instaura dorénavant que les réunions mensuelles ne seraient plus groupées, mais par deux. Nous avions désormais chacune des heures de passage. Ils ne parvinrent cependant pas à nous diviser : seule, par deux ou en groupe, nous faisions bloc. Notre chef de service se lassa quand elle se rendit compte que les réunions par deux prenaient beaucoup plus de temps qu'en groupe. Finalement, l'ancienne méthode fut réintroduite, avec une modification de taille : à chaque réunion, maintenant, sans même le demander, le cahier des délégués du personnel était posé sur la table. Au cas où nous aurions à y poser une question.

Comme quoi, lorsque le combat est juste, il ne faut jamais abandonner.

12

Mensonge d'État

Cela faisait maintenant trois ans que j'exerçais comme auxiliaire de vie. J'en avais vu, vécu, des absurdités. Je voyais mes collègues dépérir, leurs salaires ne leur permettant pas de vivre décemment. Certes, le Sud est un lieu où le soleil se paie cher, mais j'avais rencontré des aides à domicile qui venaient de toute la France, et leur pouvoir d'achat était aussi squelettique que le nôtre. Les entreprises ou les associations pour lesquelles elles travaillaient les rémunéraient au lance-pierre. Les burn-out et les accidents de travail étaient fréquents chez les filles de notre village, et certaines, dont l'âge avançait, se fatiguaient.

Depuis longtemps, l'État souhaite favoriser le maintien au domicile des personnes âgées. Cette solution peut être envisageable pour nos aînés, mais encore faut-il que les moyens financiers adéquats soient alloués. Je dirais que nous ne maintenons pas nos personnes âgées au domicile, nous les soutenons avec le peu de moyens mis à notre disposition. J'entends par là que, si l'État n'augmente pas le montant des allocations personnalisées d'autonomie, les restes à charge de nos aînés entament de façon insupportable le montant de leur retraite.

Pour mesurer le taux de dépendance, les professionnels de la gérontologie ont établi une grille, dite AGGIR (Autonomie, Gérontologie, Groupes Iso-Ressources), qui détermine des groupes GIR (Groupes Iso-Ressources). Encore une histoire de cases dans laquelle il faut entrer... Suivant le taux de dépendance déterminé par cette grille, l'État vous alloue une somme qui vous permet de bénéficier d'un certain nombre d'heures de présence au domicile en passant par une association évidemment agréée par le conseil général. Voilà pour la théorie. La pratique est tout autre.

Reprenons le cas de Georgette. En étant reconnue comme appartenant au GIR 1, c'est-à-dire le groupe le plus dépendant, l'État lui octroyait généreusement une somme qui permettait en tout et pour tout sur le mois 60 heures de présence. 60 heures équivalent à environ deux heures par jour, puisque Georgette avait besoin d'une présence quotidienne. Comment voulez-vous prendre correctement soin de quelqu'un de très dépendant en n'étant présent que deux heures par jour ? Il faut bien comprendre que nos aînés sont seuls quand les aides à domicile ne sont pas là. Totalement seuls.

Georgette représentait un temps plein à elle seule, soit 151,67 heures ; elle devait donc supporter à sa charge 151,67 heures moins les 60 heures de l'État, soit 91,67 heures ; l'heure en semaine étant facturée plus de 20 euros, le montant mensuel qu'elle payait à l'association pour laquelle je travaillais était donc déjà très élevé. Et je ne parle même pas du tarif horaire des dimanches et jours fériés : il montait à 33 euros. Donc, si elle n'avait pas eu les moyens de payer, elle n'aurait eu aucune aide à domicile ces jours-là. Ce qui signifie même pas de repas !

Continuons nos comptes : la retraite de Georgette avoisinait les 800 euros par mois. Même en ajoutant la maigre pension de réversion de son époux, la somme totale ne couvrait absolument pas les factures de l'association.

Alors nombreux sont ceux qui, pour pouvoir régler ce qu'ils doivent, cèdent ce qu'ils possèdent, toute la richesse d'une vie de travail qu'ils souhaitaient transmettre à leurs enfants et petits-enfants.

Mais quand nos aînés n'ont pas de biens, n'ont rien d'autre que leur retraite, ils sont obligés de s'en tenir à l'enveloppe. Je considère dès lors que, d'une part, l'État les abandonne et que, d'autre part, certaines associations abusent en pratiquant des tarifs d'intervention démesurés. Alors, bien sûr, les arguments sont toujours les mêmes : les employés coûtent cher, les frais de fonctionnement de l'association sont élevés… Les frais de fonctionnement sont une notion très floue et, à ce jour encore, malgré mes recherches sur le sujet, j'ai du mal à comprendre : quand je vois la voiture de notre président, les frais de bouche des cadres, les locaux situés dans les beaux quartiers de Marseille, j'ai le sentiment étrange et pénétrant qu'on nous prend pour des cons. Nous, ce sont évidemment nos aînés, mais aussi toutes les ouvrières du torchon à poussière et de l'aspirateur.

Dans notre département, les Bouches-du-Rhône, il y avait une assistante sociale pour tout le service APA (Allocation personnalisée d'autonomie) du conseil général… Une ! Elle avait pour mission de visiter nos aînés et de fixer le nombre d'heures d'intervention en fonction de la fameuse grille AGGIR. Elle aussi déplorait le manque de moyens. D'abord, il pouvait se passer des mois entre l'envoi d'un dossier et l'évaluation de l'assistante sociale, tant il y avait de demandes et trop peu de personnel pour les traiter. Ensuite, on lui demandait presque d'octroyer le strict minimum suivant la classification de la dépendance. En attendant que l'Administration tranche, la personne âgée restait seule, sans aucune aide. Il n'y avait pas de référé dans ce domaine, c'était chacun son tour, et les urgences des situations n'étaient pas prises en compte. Alors quand l'État nous serine qu'il faut garder au maximum ses aînés au domicile, nous sommes d'accord, évidemment, mais avec quels moyens ?

*

Il m'est arrivé une ou deux fois d'être le témoin de pratiques allant à l'encontre du respect de la dignité de nos aînés.

Un matin vers 7 h 30, alors que j'arrivais chez un allocataire, je croisai un homme, sacoche à la main, qui cherchait un certain M. X.

Médecin du conseil général, il passait à l'improviste pour contrôler l'état de mon bénéficiaire. Suspicion d'accointance avec le généraliste… Nos anciens sont donc pour notre collectivité de potentiels fraudeurs. Comme la Sécu qui vous contrôle parce que vous êtes en arrêt maladie, lui venait vérifier si l'état de santé était bien en adéquation avec la déclaration.

Sans aucun ménagement, le médecin commença son interrogatoire à peine entré dans la maison.

— Bonjour, je suis le docteur, je viens voir comment vous allez. Vous pouvez vous laver seul ?

— Non, voyez, j'ai du mal à me lever.

— Vous marchez pourtant avec un déambulateur, vous pouvez donc vous déplacer jusqu'à la salle de bains…

— Difficilement, docteur.

— Te, te, te ! vous pouvez marcher. Et puis, si la position debout vous fatigue, mettez une chaise devant le lavabo pour vous laver. Faut pas se laisser aller comme ça…

Voyant que les choses allaient probablement mal tourner, je pris la parole :

— Docteur, je vous assure que les quelques pas qu'il fait dans la maison avec le déambulateur l'épuisent, il ne peut ni se déplacer facilement ni se laver seul, d'ailleurs les infirmières passent une fois par jour…

— Vous, je ne vous ai rien demandé, allez donc prendre l'air.

Charmant… Son attitude confortait mes craintes : l'Administration cherchait la petite bête, et dans ce combat inégal, M. X perdrait sans aucun doute. Le médecin continua son interrogatoire :

— Levez les bras.

— Je ne peux pas faire plus haut, docteur.

— OK. L'autre.

M. X tenta tant bien que mal de soulever son bras qui semblait peser une tonne, sans grand résultat.

— C'est tout ce que je peux faire, s'excusa presque l'octogénaire.

— Allez, encore un peu, je suis sûr que vous pouvez y arriver.

— Non, docteur, j'ai mal, je ne peux vraiment pas plus…

— OK, oui, ben, c'est de l'arthrose, rien de bien surprenant à votre âge. Vous avez votre dossier médical ?

— Mon quoi ?

— Votre dossier médical. Vous devez bien avoir quelque chose ? Vous êtes malade ? Vous prenez des médicaments ?

— Docteur, je ne sais pas, je ne sais pas de quoi vous me parlez.

Je pris l'initiative de présenter l'ordonnance et le pilulier, auquel le médecin jeta brièvement un œil.

— Quel jour sommes-nous ?

— Mardi.

— Non, nous sommes jeudi. Quel mois ? Quelle année ?

— Je ne sais pas, docteur... Est-ce que je vous offre un café ?

— Non merci, j'en ai terminé. Vous aurez de mes nouvelles d'ici dix jours.

— Merci, docteur, d'être passé me voir... C'est gentil...

L'entretien avait duré en tout et pour tout quinze minutes, et le médecin sortit en claquant la porte sans même dire au revoir. J'étais outrée par le comportement de cet homme. Ce vieux monsieur avait subi un interrogatoire en règle, avait été traité sans ménagement et avait répondu comme il avait pu avec toute sa sincérité. Et quand il avait tenté d'évoquer sa vie privée, le médecin l'avait coupé net : il n'était pas là pour discuter, mais pour contrôler. Mon allocataire n'avait pas compris ce qui s'était joué sous ses yeux, il n'avait pas conscience que cet homme avait entre ses mains son avenir. Lui avait toute confiance en un médecin : quand on est âgé et que le docteur vous parle, c'est rassurant. Nos aînés ont gardé l'image du médecin de famille, qui écoute et qui est bon. Or nous étions aux antipodes du gentil praticien de campagne. Qui n'avait d'ailleurs, tout docteur qu'il était, ni pris la tension, ni sorti le moindre stéthoscope. Aucun véritable examen médical n'avait été fait, la décision serait basée uniquement sur cet interrogatoire succinct et sur les capacités de mon allocataire à se mobiliser.

Un contrôle technique sur un être humain, rien de plus.

*

En attendant que les dossiers APA soient traités, parfois j'arrivais à trouver quelques subterfuges. Dans des cas de suite d'hospitalisation, notamment. Certaines mutuelles ont un service qui permet en cas de retour au domicile d'accorder des heures d'aide. Assez peu, dans les faits : quand l'un de mes bénéficiaires est rentré chez lui suite à une fracture du col du fémur, le maximum d'heures que j'ai pu obtenir fut douze. Douze heures sur un mois... Et il avait souscrit une excellente mutuelle !

Dans ces cas-là, on espère que le dossier APA sera traité, mais là encore c'est la grande inconnue. Alors, que faire, en attendant ? Laisser cette dame ou ce monsieur seul, sans aide ni ressources ? L'État refuse de prendre en considération le caractère d'urgence de la situation. Pourtant, urgence il y a, et pas seulement dans ces situations particulières : si une demande d'aide au domicile est faite, c'est que la personne en a besoin. Ce n'est pas un luxe qu'elle s'octroie sur le dos du contribuable, mais une question de survie.

J'en arrive à me dire que non seulement l'État ne remplit pas son devoir, mais aussi qu'il y a une non-assistance à personne en danger. Il laisse alors le champ libre aux associations d'aide à domicile qui se frottent les mains devant ce juteux marché qui leur tend les bras. Notre population est vieillissante, ce n'est pas une découverte, et aucune mesure pour anticiper l'augmentation du nombre de personnes âgées dépendantes n'a été envisagée. On s'indigne tous, dans les médias ou ailleurs, du nombre de décès pendant une canicule. Il faut malheureusement ce genre d'événement pour que nos gouvernants prennent enfin leurs responsabilités. De vagues plans vont être mis sur la table, à grand renfort d'effets d'annonce. C'est un leurre : aucun de ceux annoncés n'a été suivi d'effets. La situation devient catastrophique. Il faut agir, et vite.

*

Claude était une dame de quatre-vingts ans, veuve, qui ne pouvait plus se lever. Elle vivait donc alitée trois cent soixante-cinq jours par an. Diabétique, polypathologique. Elle avait toute sa tête et n'aspirait qu'à une chose : mourir. Quelle vie était-ce pour elle d'être allongée ainsi toute l'année ? Elle bénéficiait comme tous les autres du passage des infirmières matin et soir pour la toilette, et, entre les deux, elle baignait dans ses excréments, comme les autres, sans que cela dérange quiconque.

De plus, Claude avait une très maigre retraite ; il lui était impossible d'augmenter le nombre des heures de présence chez elle en faisant appel à une aide à domicile de l'association. Et si elle demandait l'intervention d'une aide à domicile le dimanche ou les jours fériés, les heures seraient prises sur son quota de la semaine. Claude ne bénéficiait que de deux heures et demie de présence par jour ; rogner était inconcevable, tant sa dépendance était grande.

L'intervenante venait une demi-heure le matin pour lui préparer son petit déjeuner et le lui servir, une heure le midi pour le déjeuner et une heure le soir pour le dîner. Elle devait aussi se rendre à la pharmacie pour récupérer les médicaments, s'occuper du linge, des courses… Le reste de la journée, Claude était seule, complètement seule chez elle, dans son lit. Que se passait-il si un vomissement, une diarrhée, un malaise la prenait ? C'est ce qui arriva ce jour-là. Quand je reçus son appel, il était 14 heures.

— Allô, Anne-Sophie, c'est Claude, j'ai vomi, j'ai vomi, venez m'aider…

Par chance, j'étais chez une autre allocataire pas loin de chez elle. Je lui ai demandé si je pouvais m'absenter quelques instants, et heureusement elle accepta.

Quand je suis arrivée chez Claude, il était hors de question de la laisser dans l'état où je venais de la trouver. J'entrepris donc de la déshabiller, de la laver, de refaire le lit. Je le rappelle, je n'ai pas le droit de faire une toilette. Pourtant, ce jour-là, je n'ai pas voulu attendre que les infirmières arrivent dans la toute fin d'après-midi pour que Claude soit propre.

Alors, dites-moi, monsieur le Président, où sont les moyens humains que l'État nous a promis ? Je ne tire aucune gloire à avoir aidé Claude, parce que, en l'aidant, j'avais abandonné mon allocataire, qui elle aussi avait besoin de moi. Mon employeur n'a d'ailleurs jamais été informé de mon intervention chez Claude. Il m'aurait adressé un avertissement. Et si ma bénéficiaire avait refusé que je quitte son domicile ? Elle en avait le droit, après tout, ses heures, c'étaient les siennes et non celles d'une autre. Que serait devenue Claude ?

Le maintien des personnes à domicile a ses limites, et l'État compte sur le dévouement des soignants, leur citoyenneté, leur altruisme, leur humanité, pour pallier ses manques. Nous avons tous un jour été attendris par une vieille dame à l'entrée d'un passage clouté qui hésite à s'engager, nous avons tous au moins une fois proposé notre bras pour l'aider à traverser. C'est de cela que l'État abuse, et c'est une honte.

Malgré tout, rien n'ébranlait mes convictions d'être utile, rien n'ébranlait ma vocation ; j'étais une femme de terrain. Certes, je me débattais avec un État aveugle et sourd ; certes, le bénévolat était une pathologie chronique chez moi, mais le souvenir de Mémé, qui prenait le journal ou du pain pour une dame âgée malade incapable de se déplacer, est si vif encore dans mon esprit. Je devais suivre son exemple.

Donc, souvent, je passais à la pharmacie récupérer les médicaments de plusieurs allocataires et ne serait-ce que cinq minutes chez eux pour les déposer. Ce n'étaient que cinq minutes de présence hors de mon temps de travail, mais pour eux cinq minutes précieuses durant lesquelles quelqu'un avait pensé à eux.

C'est aussi la quintessence de mon métier et la substantifique moelle de mon savoir-être.

13

Berthe

J'étais rarement en contact avec les aidants familiaux, comme nous les nommons vulgairement. Je ne l'étais que si le mari ou l'épouse du bénéficiaire se trouvait encore en vie. La plupart de mes allocataires étaient veufs ou veuves. Sauf Berthe. Elle avait encore son mari, un homme crasseux, rustre, particulièrement égoïste. Pour ajouter au portrait, il était radin, à tel point qu'il ne commandait au foyer qu'un seul repas (pour Berthe) qu'il partageait entre eux deux. Berthe ne parlait pas, ne se plaignait jamais ; elle passait ses journées dans son fauteuil roulant, seule. Parfois, il lui avait allumé la télévision, parfois non. Lui était autonome, et sa femme était comme le trophée de chasse posé sur le meuble. Je me suis souvent demandé s'il n'était pas plus attaché à ce renard empaillé qu'à son épouse.

Leur maison était grande et prenait l'eau. La chambre de Berthe avait été installée au rez-de-chaussée, lui avait gardé la grande pièce à l'étage. Je venais deux fois par semaine ; les tâches étaient claires : le lundi, je nettoyais le bas, et le vendredi, c'était l'antre de l'ogre. Je préférais mille fois le lundi, je pouvais ainsi être quelques instants aux côtés de Berthe. Et puis, l'étage était chaque vendredi aussi crasseux que la semaine précédente ; le mari avait l'habitude de ne prendre qu'un bain par semaine ; la baignoire était à décaper à l'huile de coude pour qu'elle retrouve une blancheur toute relative. Je vous passe la description des toilettes, d'autant que le monsieur ignorait à quoi servait la balayette… La chambre était sombre, les volets toujours fermés, et une puanteur tenace aux produits ménagers prenait à la gorge. J'aérais autant que possible, mais rien n'y faisait, l'odeur nauséabonde restait. Le lundi, la poubelle vomissait les changes sales, et l'odeur d'urine empestait la chambre de Berthe.

*

Ce lundi-là, quand j'arrivai à 14 heures, Berthe était couchée. Était-elle malade ? Par terre gisaient des selles, Berthe pleurait. J'allai voir son mari, visiblement affairé dans son garage.

— Alphonse, que se passe-t-il ? Pourquoi Berthe est-elle couchée, est-elle malade ?

— Non, elle m'a emmerdé à table, je l'ai foutue au lit.

— Comment ça, « foutue au lit » ?

— Elle est punie. Je l'ai empoignée, et *basta*, elle est dans son lit, qu'elle le veuille ou non.

— Mais Alphonse, elle souhaitait peut-être aller aux toilettes, il y a des selles partout dans la chambre par terre…

— Ce n'est pas mon problème, elle n'a qu'à pas m'emmerder. Toute ma vie, elle m'a fait chier avec ses dépressions ! Et puis t'es bien là pour nettoyer, non ? Alors va faire ton travail et ne me fais pas chier.

Je retournai dans la chambre de Berthe. Elle avait les doigts et les ongles pleins de selles. Les draps étaient maculés d'excréments. Pour être un minimum au propre, elle les avait balancées par-dessus son lit. L'état de cette pauvre femme me souleva le cœur. Même si je savais que son mari allait me passer un savon, je décidai de la lever et de la nettoyer. Quand je la soulevai, je vis qu'elle baignait dans ses urines. Elle grelottait. La priorité était de la laver et de changer ses vêtements. Et s'il râlait, je lui dirais tout le bien que je pensais de sa façon de traiter son épouse, au risque d'être recadrée par mes employeurs. Le « on ne se mêle pas de la vie privée de nos bénéficiaires », à ce moment précis, était le cadet de mes soucis.

Laisser Berthe dans l'état dans lequel je l'avais trouvée aurait été pour moi de la non-assistance à personne en danger. Or il fallait se rendre à l'évidence : Berthe était vraiment en danger avec son bougre de mari.

Pourtant, je savais qu'elle l'avait épaulé durant toute sa vie ; elle avait travaillé sans compter ses heures à la boutique qu'il tenait, lui avait fait quatre enfants. Mais évidemment, il n'avait pas dû la déclarer, et elle touchait une retraite à l'image de son corps. Squelettique.

Seul le chien avait grâce aux yeux de cet homme, chien qui par ailleurs pissait allégrement partout sans être puni, lui.

Je m'interrogeais souvent sur la bonne façon de procéder avec Berthe. Devrais-je rédiger un certificat d'aggravation pour qu'elle bénéficie de plus d'heures de présence ? Mais à qui serviraient-elles, au final ? Alphonse voyait les aides à domicile comme ses femmes de ménage à lui. Quand il décidait que nous devions balayer la cour, il fallait s'exécuter, et rapidement. Pourtant, Berthe ne voyait jamais la cour, personne ne l'y emmenait.

J'avais donc fait toute la toilette de Berthe ; elle était au propre, elle souriait. Nos aînés aphasiques n'ont plus la capacité de nous remercier, leurs mercis se lisent dans leurs regards. Je me souviendrai du sien longtemps. Je l'emmenai dans le salon, puis j'allai nettoyer sa chambre. Ouvrir d'abord les volets, aérer, ramasser les selles par terre, sortir la poubelle, défaire le lit et lui mettre de nouveaux draps. J'ai astiqué la chambre de Berthe de fond en comble. Ça sentait bon le propre. J'ai poursuivi par la cuisine où Alphonse avait abusé de la friture… Je trouvai aussi deux flaques d'urine laissées par le chien contre les chaises. J'avais par dépit laissé tomber le nettoyage de la hotte, qui méritait plus d'aller directement à la déchetterie que d'être astiquée. Je continuai le ménage dans le couloir, et je terminai par le salon. Berthe était là, telle que je l'avais laissée, à moitié endormie. Elle était si pâle, si frêle… Je vis qu'elle avait froid. J'ajoutai donc un châle sur ses épaules. Mais comment ne pas avoir froid, quand on passe la majeure partie de son temps assise dans un fauteuil roulant ? Elle était seule, et pourtant elle avait encore son mari.

J'étais en train de récurer quand Alphonse rentra :

— Qui t'a dit de la lever ?

— Alphonse, je ne pouvais pas faire autrement, vous ne pouvez pas la laisser dans un état pareil.

— Ça ne te regarde pas, pourquoi l'as-tu levée ?

— Pour nettoyer la chambre et son lit, Alphonse, d'ailleurs, voici les draps qui sont à laver ainsi que ses vêtements.

— Ça attendra, j'ai fait une machine il y a une semaine, je ne vais pas en refaire une pour ça… et puis, c'est toi qui paies la lessive et l'eau ? C'est malin, il va falloir que je lui donne un goûter, alors que si tu ne l'avais pas levée, je n'aurais pas eu à le faire !

J'étais abasourdie par tant de méchanceté. Le mari gesticulait dans tous les sens et piétinait avec ses chaussures crottées le sol encore humide après mon passage. Le chien en profita pour se soulager contre le meuble en bois. Et au milieu de ce moment ubuesque, Berthe, sans dire un mot, grelottait.

— Alphonse, je viens de nettoyer, pourriez-vous s'il vous plaît avoir la gentillesse d'attendre que le sol soit sec avant de *pataler* dedans ?

— Ton travail, c'est bien le ménage ?

— Non pas tout à fait, donc si vous souhaitez que la maison reste propre, attendez que le sol sèche, s'il vous plaît.

— Je suis chez moi, je fais ce que je veux, et puis tu repasseras derrière moi.

Je ne suis bien sûr pas repassée derrière lui. Je ne pensais qu'à Berthe.

Il arrive que nous soyons confrontées à des aidants familiaux épuisés, ce que je comprends. Ce n'était pas le cas avec Alphonse : Berthe était mal traitée par son mari. Elle avait subi toute sa vie la maltraitance conjugale, pourquoi sa pathologie aurait-elle changé quoi que ce soit ? Le plus dur dans ces moments-là, c'est lorsque la porte du domicile se referme. Que faire ? Alerter ? Mon métier, c'est aussi d'alerter. Mais je serais seule sur ce coup-là. « On ne se mêle pas des histoires de famille » était le maître mot de mes employeurs.

Sauf que je considérais que, dans ce cas précis, nous étions face à un cas flagrant de maltraitance. Alors, en mon âme et conscience, en tant que citoyenne, j'ai dénoncé. Personne n'a jamais voulu m'écouter. C'était ma parole contre la sienne. Berthe ne parlait pas, ne pouvait pas raconter, ne pouvait pas confirmer. Mon droit d'alerte s'est étouffé dans le fauteuil roulant d'une vieille dame terrorisée. Circulez, il n'y a rien à voir…

Je sus par un appel de ma chef de service qu'Alphonse l'avait contactée à mon départ pour se plaindre de mon comportement. J'avais été insolente avec lui, je devais lui présenter des excuses. Il en était hors de question ; je ne m'excuserais pas. En revanche, je continuerais à m'occuper au mieux de Berthe lors de mes interventions. J'en profitai pour demander à ma grande chef d'informer ce rustre qu'à partir de ce jour ses toilettes resteraient dans l'état dans lequel il les mettait. Je refusais désormais de récurer son antre d'ours mal léché.

14

La curatelle renforcée

Louise aimait surfer sur le Net en espérant y rencontrer l'homme de sa vie. Sa solitude sentimentale lui pesait. Elle refusait ses soixante-quatorze ans, son cancer, la perte de ses cheveux. Même si elle recommençait à sortir et à marcher dans le village, quand elle rentrait chez elle, la maison était désespérément vide. Elle n'avait trouvé que ce moyen, le badinage par Internet, pour se revaloriser. Et puis, derrière un écran, c'est toujours plus simple. Elle était abonnée à des sites comme Badoo, Meetic, et passait la majeure partie de son temps à discuter avec des hommes plus jeunes qu'elle. Sa photo de profil montrait une femme blonde et pétillante, femme qu'elle était encore dix ans avant sa maladie. Elle s'était rajeunie de quelques années, pensant qu'elle trouverait plus facilement l'âme sœur. Elle était assez discrète sur ses conversations jusqu'au jour où, tout heureuse, elle me dit :

— Ça y est, j'ai trouvé un homme qui m'aime, il va passer me voir ici.

— Merveilleux, Louise, mais depuis combien de temps le connaissez-vous ?

— Oh, cela fait un mois que nous discutons, il me dit être amoureux de moi et que nous allons vivre ensemble.

— C'est tout le bonheur que je vous souhaite, Louise…

— En revanche, il est commercial, coincé en Côte-d'Ivoire, en attendant qu'on lui redonne son passeport.

Voilà le pot aux roses… J'entrepris donc, avec toute la délicatesse possible, de mettre Louise en garde, en lui expliquant qu'il existait tout un tas de petits malfrats qui profitaient de la solitude des femmes pour leur extorquer de l'argent. Louise se vexa : son Bertrand, elle l'avait vu en webcam, il n'était pas de ceux-là, j'avais tort. Et puis, de quoi je me mêlais ? Elle était heureuse, je n'allais pas gâcher son bonheur avec mes recommandations de prudence.

Elle en était persuadée, elle vivrait avec Bertrand et ne serait plus seule.

Je n'entendis plus parler du soupirant pendant quelques semaines, et je n'osais la questionner de peur d'être rabrouée. Louise était radieuse, c'était le principal.

*

Un mardi matin, j'arrivai comme à mon habitude vers 10 heures, et je trouvai Louise prostrée, pleurant sur le canapé.

— J'ai fait une bêtise… Je ne sais pas maintenant comment je vais m'en sortir, me dit-elle.

— Que se passe-t-il ?

— Vous savez, Bertrand…

— Oui…

— Il m'a fait envoyer un chèque que j'ai mis sur mon compte bancaire, et quand j'ai vu que le chèque était encaissé, j'ai retiré l'argent et lui ai envoyé par Western Union pour qu'il récupère son passeport…

— Et ?

— Et le chèque était en fait un chèque volé, je suis à découvert de 3 000 euros. Mais comment vais-je faire ?

La colère montait en moi, tant envers Louise qui n'avait pas écouté mes recommandations qu'envers ces arnaqueurs zélés qui profitent de la détresse des femmes.

Louise avait explosé son autorisation de découvert ; donc plus moyen de payer le loyer, plus de carte bancaire, plus de chéquier, on lui coupait les vivres. Il fallait dans l'urgence trouver une parade. Je n'avais qu'une solution : appeler l'assistante sociale du conseil départemental pour analyser la situation. Même si elle répétait souvent qu'elle n'avait que peu de moyens d'agir, elle aurait probablement des solutions d'urgence. Il y avait aussi le recours au Secours populaire et autres organisations de ce type qui fourniraient le minimum alimentaire et paieraient quelques factures. Mais toutes ces solutions ne seraient que provisoires, et il lui faudrait du temps pour remonter la pente.

Système D oblige, en attendant que l'assistante sociale vienne nous proposer des recours envisageables, Louise bénéficierait donc de colis alimentaires d'urgence. Il fallait malgré tout être vigilante, son diabète ne lui permettant pas d'accepter tout et n'importe quoi.

Nous attendîmes une semaine la visite de l'assistante sociale. Il fallut expliquer de nouveau la situation dramatique dans laquelle se trouvait cette dame âgée qui, en cherchant l'âme sœur, avait été dupée par un homme peu scrupuleux. L'espoir de ne pas finir sa vie seule l'avait fait rêver, et le rêve avait viré au cauchemar.

L'assistante sociale trouva des solutions pour que Louise puisse se nourrir : dorénavant, le foyer lui servirait ses repas, et le conseil général prendrait en charge les sommes jusqu'à ce que sa situation financière s'améliore. De plus, le nombre des heures d'accompagnement fut augmenté afin qu'elle ne soit pas seule et qu'elle ne tombe pas dans une dépression qui aurait pu aggraver sa pathologie.

Il fallait aussi porter plainte, mais contre qui ? L'homme avait bien sûr usé d'une fausse identité. L'assistante sociale lui proposa de l'accompagner dans le dépôt de sa plainte, demandant ainsi qu'une protection judiciaire soit mise en place. Louise accepta. Elle ne connaissait rien à la justice et imaginait qu'un avocat la prendrait sous son aile et qu'elle serait reconnue comme victime. Elle pensait ainsi guérir du deuil de cet amour pour lequel elle avait tout donné. Son argent, sa dignité, sa sincérité.

Dans les jours qui suivirent, Louise m'indiqua qu'un médecin expert était passé la voir. Un médecin expert de quoi ?

— Ne vous alarmez pas, Anne-Sophie, il a été très gentil, il m'a demandé de raconter mon histoire et de lui sortir mon dossier médical. Nous avons bien discuté, ne vous inquiétez pas, je pense que c'est pour m'aider avec la plainte que j'ai déposée.

Son assurance ne me rassura qu'à moitié.

Au bout de trois semaines, un recommandé arriva. Quel ne fut pas le choc quand nous avons lu la lettre ! Un juge, sur rapport du médecin expert, venait d'ordonner que Louise soit mise sous curatelle renforcée. Le gentil médecin expert était en fait venu diagnostiquer non pas l'état physique de Louise, mais bien son état psychologique.

La réalité me sautait au visage : que signifiait donc cette expression barbare de « curatelle renforcée » ? Et comment un juge pouvait-il prendre une telle décision sans même convoquer la personne concernée ? Louise n'avait été entendue par personne, hormis ce médecin. Tout avait été ourdi dans son dos.

À la lecture du document, je compris peu à peu les tenants et les aboutissants de la procédure. Dorénavant, un mandataire à la protection des majeurs allait décider pour elle. Concernant Louise, c'était double peine, le juge ayant estimé que le cancer dont souffrait la vieille dame pouvait évidemment expliquer qu'elle se soit fait berner de la sorte.

Louise ne comprenait pas tout ce que lui imposait maintenant d'être sous curatelle renforcée, mais elle avait bien compris que cela ne présageait rien de bon.

*

Deux jours plus tard, une mandataire judiciaire vint à son domicile. Louise souhaita que je sois présente. J'assistai donc ma bénéficiaire comme je le pus. La sentence tomba : Louise ne pouvait plus détenir de compte bancaire, ses achats devraient désormais se faire avec l'autorisation du mandataire, qui recevrait ses relevés de compte. Louise était en liquidation judiciaire.

Elle lui avait dans sa grande bonté accordé 50 euros d'argent de vie par semaine. Mais que fait-on avec 50 euros ? Terminé, le poisson frais, les fruits et légumes du marché, les compléments alimentaires. Après d'âpres négociations, finalement, la mandataire lui octroya 80 euros d'argent de vie. Ni plus ni moins.

Il fallait qu'elle fasse avec, c'était une décision du juge, de gré ou de force elle devait accepter de ne plus avoir le libre choix de ses achats. Elle était redevenue une malade du cancer, diabétique et de surcroît perdant la boule.

Nous avions la possibilité de faire appel de cette décision, ce que Louise fit. Mais, durant un an de procédure, elle eut la sensation de n'être rien ni personne. Un an !

Ne nous méprenons pas : ces mesures sont importantes pour des situations bien spécifiques, mais, dans le cas de Louise, qui avait juste fait une bêtise, était-il nécessaire de lui faire subir cette humiliation supplémentaire ? Avait-on vraiment pris le temps de l'écouter ? Non. Une décision arbitraire avait été prise, mais combien de décisions comme celle-ci le sont chaque jour ? Combien de personnes sont mises sous curatelle renforcée, ou sous tutelle, sans même être écoutées ?

15

La réalité

Cela faisait maintenant quelques années que je m'efforçais d'apporter un accompagnement de qualité, une empathie sans bornes et même de l'amour aux aînés dont je m'occupais. J'ose les appeler mes aînés ; ce n'était évidemment pas les miens, mais je les considérais chacun comme s'ils avaient été un de mes grands-parents. Peut-être que cela fut ma première erreur. Je m'étais engagée dans cette voie en espérant changer le cours de leur vie. J'avais sûrement pour eux trop d'amour, et leur départ était un peu comme si je perdais de nouveau ma grand-mère ou mon grand-père. Je n'avais pas réussi à me protéger contre des sentiments que je n'avais pas demandés. Avais-je vraiment voulu me protéger ? Je ne sais pas, je n'avais pas vraiment lutté. Pourquoi l'aurais-je fait ?

Or la réalité me rattrapa plus vite que je ne l'aurais cru. Cette réalité perfide qui s'insinue un peu plus chaque jour, et qui vous plombe à chaque nouvel incident. Ma détermination était malmenée, je commençais à mesurer les limites de mon travail.

J'étais persuadée que je changerais les choses, j'avais cette conviction si ancrée en moi… Je faisais de mon mieux, mais c'était compter sans le temps qui passe et qui les emporte. C'était ne pas avoir pris conscience que j'avais les pieds et les mains liés concernant les aides de l'État. C'était sans compter sur cet employeur qui n'avait toujours pas compris que mettre en place une sectorisation nous évitait une fatigue supplémentaire. De manière insidieuse, je débutais ma descente aux enfers.

Chaque été, je troquais mon vélo et mon véhicule contre mes jambes. J'allais ainsi beaucoup plus vite entre chaque intervention, vu le nombre de touristes qui débarquaient et saturaient le réseau routier. Je perdais un temps infini à la seule caisse ouverte du seul supermarché du village, pris d'assaut par les nouveaux arrivants en villégiature. Quand on passe de deux mille cinq cents à vingt-cinq mille habitants en quelques jours, plus moyen d'être à l'heure à chaque intervention. Mes journées devenaient harassantes, je marchais sous ce soleil tête baissée, comme si je portais sur mes épaules le poids de tous les bénéficiaires dont je m'étais occupée et qui avaient disparu. Peut-être étais-je une mauvaise auxiliaire de vie sociale parce que je n'avais pas su prendre le fameux recul nécessaire ? Mais comment s'habitue-t-on à la mort ? Je n'ai jamais réussi.

On peut bien se répéter « Il ou elle a bien vécu, il ou elle avait une vie ». On se console en se convainquant qu'il était vieux ou qu'elle était vieille, et c'est dans la logique des choses qu'une personne âgée décède plutôt qu'un enfant. Certes ! Mais je ne m'y habituais pas. J'allais à chaque enterrement, j'avais moi aussi besoin de faire mon deuil, de fermer le livre de notre histoire et non le dossier. C'était ma façon de les remercier de m'avoir apporté des rires, des sourires, des savoirs, et quelquefois des larmes. Les larmes nous servent à comprendre que nous sommes humains ;

quand je n'en aurai plus, c'est que je devrai changer de métier.

Un ancien qui part, c'est une histoire qui s'envole. Parfois, j'en voulais à cette vie qui n'épargne personne. J'en voulais à ces enfants qui ne venaient pas rendre visite à leurs parents, j'en voulais à la terre entière. Je rapportais chaque jour à la maison mes colères, mes peines. J'avais pourtant fait un pari avec moi-même : j'étais censée laisser de l'autre côté du portail ma journée de travail ; sauf que je n'ai jamais vraiment trouvé comment y arriver. En surface, je donnais le change, à l'intérieur, je souffrais.

*

Je souffrais de mon intervention du matin quand j'arrivais chez Claude.

— Bonjour, Claude, bien dormi ?

— Oui, je veux mourir, j'en peux plus !

Je souffrais de mon intervention chez Claude en enchaînant avec Louise.

— Bonjour, Louise, comment allez-vous ce matin ?

— Je veux mourir j'en peux plus, Anne-Sophie, de ces effets de la chimio.

Je souffrais de mon intervention chez Louise en retrouvant Robert…

— Bonjour, Robert, comment allez-vous ce matin ?

— Je veux mourir…

Je souffrais de mon intervention chez Robert en saluant Lucette.

— Bonjour, Lucette, regardez comme il fait beau aujourd'hui.

— Oh, je m'en moque, je veux mourir pour retrouver mon mari qui me manque…

Et toutes les interventions étaient du même acabit.

Alors, le soir, quand mon époux me demandait comment s'était déroulée ma journée en voyant mes yeux rougis, je répondais :

— Pas terrible…

Je m'écroulais dans ses bras, et je pleurais les larmes que j'avais su garder toute la journée en moi. J'avais essayé d'apporter à tous mes allocataires un peu de présence, d'atténuer leur solitude, mais quand nos aînés n'aspirent qu'à partir parce qu'ils sont seuls, que leur dire ? Combien de nuits n'ai-je pas dormi en pensant à eux, combien de minutes supplémentaires suis-je restée chez les uns et les autres pour sécher une larme, combien de fois me suis-je sentie si inutile, tant leur mal-être était profond ?

J'avais pendant un temps trouvé un exutoire certes bruyant mais ô combien déstressant. Je me mettais au piano, ou plutôt je tabassais chaque touche. Je passais ma colère sur Chopin, je passais mes tristesses sur Bach et je retrouvais le sourire avec la *Méthode rose*. J'oubliais l'espace d'un instant ces idées qui m'obsédaient. Quand le piano ne fut plus suffisant, je me soûlais de musique, mais cela ne dura pas longtemps non plus. J'avertissais tout le quartier que je n'allais pas bien, tant les musiques que j'écoutais étaient tristes et pesantes.

Alors je me suis mise à écrire et à écrire encore. Écrire ma colère, écrire mes peines, écrire mes journées… Je remplissais des pages et des pages. Je vomissais mes maux, et j'en espérais guérir. Malheureusement, même l'écriture ne m'a plus suffi. Je n'avais plus de mots, pourtant mes maux persistaient.

La bouteille de rosé dans le frigo me faisait de plus en plus de l'œil. Un verre ne tue personne. C'est quand on commence à se dire qu'un deuxième verre, ce n'est pas si grave, puis qu'un troisième permettra de s'endormir que les choses se compliquent. S'enivrer pour oublier. Voilà, je l'avais trouvée, ma solution, je m'enivrais, j'oubliais. Le vin n'était qu'un placebo qui me permettait d'accepter, de rire le soir, mais surtout de passer une nuit sans être réveillée par mes aînés qui venaient me hanter.

Et, plus le temps passait, plus mes besoins en vin augmentaient. J'avalais les verres aussi vite que je le pouvais. Il fallait que ça aille vite. Je lavais mes journées avec ce rosé absorbé en trop grandes quantités. Mais j'étais propre, comme si rien ne s'était produit, mes sentiments étaient partis quand j'avais tiré la chasse d'eau.

J'étais devenue quasi alcoolique pour tenir. Je n'en avais même pas conscience. Si rien n'arrivait, je risquais de sombrer.

J'appris plus tard que nombre de mes collègues avaient trouvé le même remède à leur mal-être. Elles ne supportaient plus les atermoiements d'un employeur qui nous exploitait, et cherchaient un sens à leur métier. Quelle était la finalité de nos échanges avec nos bénéficiaires, quelle fin pour les histoires que nous écrivions avec eux ? Nous la connaissions toutes, la fin, c'était la mort et la fermeture du dossier. Est-ce que je me pardonnais de boire parce que mes collègues en faisaient autant ? Sûrement. J'étais devenue comme elles. Je n'étais pas plus forte qu'elles, je n'allais pas changer le cours des événements. Donc, de deux choses l'une : ou je démissionnais et je trouvais un autre emploi, ou je devais rentrer dans le rang et faire abstraction de mes sentiments.

Quand un de nos allocataires mourait, c'était bien plus qu'un dossier qui se fermait dans nos esprits, et nous étions seules face à nous-mêmes, sans aucune aide psychologique de notre employeur. Dans notre village, apprendre le décès d'une personne âgée dont nous nous sommes occupées, c'est passer devant la maison régulièrement parce qu'elle est sur notre chemin, et voir les volets fermés ; ce sont ces souvenirs qui reviennent, des mots échangés et la bise du matin. C'est prendre chaque jour en pleine figure notre impuissance face au temps et à l'Administration,

Nous sommes tous et toutes à la fois des éphémères et des immortelles, comme ces fleurs que nous déposons sur les tombes de nos absents.

16

Le pot-au-feu

J'ai souvent été témoin de situations tragiques chez des personnes âgées dans le besoin, et dont la dépendance était telle que les heures d'allocation personnalisée d'autonomie allouées par l'État ne suffisaient pas. Mais j'ai aussi connu des personnes âgées, dépendantes, multipathologiques, qui m'ont fait vivre l'horreur.

Je ne parle pas de ce vieux monsieur qui m'avait mise dehors *manu militari* pour trois minutes de retard, alors que j'avais accepté de remplacer la prestataire habituelle au pied levé. Je reviendrai en revanche sur le cas d'Élisabeth. Elle avait écumé tout le personnel, plus personne ne souhaitait aller chez elle. Mes collègues n'avaient pas supporté sa méchanceté ni son manque de respect pour leur travail. J'avais pensé alors qu'elles manquaient de patience. Comment pouvait-on avoir des jugements si tranchés sur les gens en faisant notre métier ? J'imaginais qu'un comportement particulier en entraînait *de facto* un autre. J'avais eu de sérieux doutes concernant le professionnalisme de mes camarades.

J'interviendrais donc chez Élisabeth. Au passage, notez que je parcourais douze kilomètres jusque chez elle, et que l'association s'arrangeait pour qu'il n'y ait pas d'interventions à suivre ; ainsi les vingt-quatre kilomètres aller-retour étaient à mes frais.

Lorsque j'arrivai chez Élisabeth pour la première fois, elle était encore couchée. La maison était minuscule, comme le sont celles des hameaux de Camargue. Au mur, des tableaux partout, j'avais la sensation d'étouffer. Elle m'interpella et me dit d'une voix désagréable :

— Ah, c'est vous, la nouvelle ! C'est mon mari qui les a tous peints. Vous connaissiez mon mari ? C'était un peintre connu.

— Non, mais racontez-moi, j'aime la peinture et les arts, je ne demande qu'à apprendre.

À peine le temps de la saluer, de me présenter, notre discussion sur l'art pictural avait commencé. Cela me convenait assez bien ; si ce sujet était un point qui nous permettrait de nous entendre, autant en profiter. La maison était crasseuse, sentait à la fois les excréments de chat et une indescriptible odeur de vieux. Les murs avaient dû être blancs à l'origine ; désormais, leur couleur oscillait entre le beige sale et le marron clair douteux. Je n'osais lever les yeux tant les toiles d'araignées au plafond étaient nombreuses.

Je me demandais bien qui était venu faire le ménage pour la dernière fois. Dans l'évier gisaient assiettes, casseroles, couverts, recouverts d'une couche de graisse qui laissait présager de l'état de la plaque chauffante. J'étais un peu abasourdie : par quel bout allais-je commencer ? Il y avait tellement à faire.

Élisabeth se leva. La petite bonne femme squelettique se déplaça avec difficulté jusqu'à la table et se laissa tomber sur la chaise de tout son maigre poids. Elle m'ordonna de lui servir son petit déjeuner. Je ne savais pas ce qu'elle souhaitait, alors elle me dit sur un ton autoritaire :

— Du café, du beurre, du pain et de la confiture, comme tout le monde. Ce n'est pas compliqué, tout de même !

Je commençais à comprendre pourquoi mes collègues ne souhaitaient plus intervenir chez elle, elle était d'une antipathie que même son visage laissait transparaître. Mais qu'à cela ne tienne, je réussirais à l'amadouer.

Je débutais le ménage de cet endroit insalubre quand elle entreprit de me questionner.

— Vous êtes mariée ? Vous avez des enfants ?

— Oui, j'ai deux enfants, et je suis mariée.

— Deux ingrats alors, et sûrement un mari qui vous trompe...

— Pardon ?

— Qu'à mon âge, nous sommes encore naïves ? Quel âge ont vos enfants ?

— Quatorze et neuf ans.

— Garçon ? Fille ?

— Un garçon, une fille.

— Ah, le choix du roi. Et vous qu'avez-vous fait comme études ?

Je lui exposai mon curriculum vitæ quand elle me coupa la parole :

— Tiens, une qui n'est pas trop stupide, ça change !

J'étais interloquée. Elle avait une bien piètre opinion de ses auxiliaires de vie sociale qui venaient deux fois par semaine rompre sa solitude et nettoyer son capharnaüm. Je continuai à frotter en y mettant toute la vigueur possible, si bien que même l'éponge rendit l'âme. Élisabeth se leva pour aller s'asseoir dans son grand fauteuil en face de la grande télévision, prit son programme télé et se mit à en faire les mots croisés. Je l'entendais lire les définitions :

— En six lettres, interjection de dépit...

Je faillis lui crier « crotte ! », mais je préférais me taire. Je fulminais ! Le chat de la maison s'amusait visiblement à parsemer ses excréments où bon lui semblait, et je ramassais des crottes séchées partout dans l'escalier. À l'étage en mezzanine, il avait dû uriner dans un certain nombre d'endroits tant l'odeur vous prenait à la gorge. Pliée entre sol et plafond, je l'entendis m'interpeller :

— Et vos parents, que faisaient-ils ?

Après mon curriculum vitæ, c'était mon pedigree que je devais exposer. Allais-je être confirmée, comme ces chiens de race que l'on emmène à une exposition canine ? Est-ce que ma lignée allait lui seoir ? Quand je lui expliquai que mes parents étaient enseignants, ainsi que ma grand-mère, je sentis que j'avais passé d'un seul coup le premier palier. Certes, je n'étais sûrement pas à ses yeux le plus beau chien de l'exposition, mais, au moins, comme elle me le dit très calmement :

— Bon, il y a peut-être un peu d'espoir avec vous d'avoir d'autres discussions que la pluie et le beau temps. Donnez-moi s'il vous plaît le livre de Baudelaire qui est dans ma bibliothèque, enfin, si vous connaissez un peu Baudelaire.

— « Spleen » et « L'idéal », oui, je connais.

— Et Lamartine, vous connaissez ?

— Oui, aussi...

— Quel est votre auteur préféré ?

— Je n'en ai pas, j'aime bien Pascal, Montaigne... Je dirais peut-être que j'ai une préférence pour La Fontaine.

Voilà qu'elle se lança dans une tirade :

— Selon que vous serez puissant ou misérable, / Les jugements de cour vous rendront blanc ou noir…

— « Les animaux malades de la peste », répondis-je du tac au tac.

— C'est cela…

Je sentais que j'entrais peu à peu dans son monde, et j'espérais qu'elle en serait plus agréable. Mais mon espoir fut de courte durée. Elle avait ce don de s'intéresser à vous pour mieux vous tacler ensuite.

— Remettez-vous au travail, au lieu de rêvasser de littérature…

Je repris mes torchons, aspirateurs et balais, et continuai donc ce pour quoi finalement j'étais payée. Elle avait raison, je n'étais pas là pour parler littérature, mais bien pour nettoyer son antre puant.

Alors que je m'attardais sur les murs de la cuisine, je remarquai qu'elle avait pris l'initiative de les repeindre : en y étalant de la pâtée pour chat ! Ce ne pouvait être qu'un acte volontaire, même en ouvrant les boîtes avec violence les projections n'auraient pas fait autant de dégâts. Il fallut donc gratter. Je mis un temps infini pour essayer de rendre cette demeure à peu près propre, et encore, propre est un grand mot. Je dirais un peu moins sale. La vétusté du lieu et l'obstination d'Élisabeth à embêter ses auxiliaires de vie en le salissant volontairement rendaient le travail de ménage ô combien difficile. Au bout de deux heures, elle m'interpella de nouveau :

— Vous devez me préparer mon repas pour ce midi, je souhaite un pot-au-feu.

— Je peux vous le préparer, mais vu le temps de cuisson, il ne pourra être prêt pour votre déjeuner, il ne me reste qu'une heure d'intervention. J'aurais commencé par cela si vous me l'aviez indiqué avant, c'est dommage.

— Préparez-le, je surveillerai la cuisson, et tant que vous y êtes, jetez-vous dedans, vous ferez le lard...

Cette dernière remarque me mit hors de moi. Je faillis lui répondre que, si j'étais à ses yeux un ersatz de lard, elle aurait parfaitement tenu le rôle de l'os à moelle, mais je m'abstins.

Je pensais que, chaque mercredi et chaque samedi, j'allais devoir supporter cette méchanceté gratuite, et j'intervenais chez Élisabeth avec peu d'envie. Un de ses jeux favoris était de laisser entrer les canards, qui ne se gênaient pas pour déposer leurs colis fécaux dès que le sol était lessivé...

Pour tenter de l'attendrir, comme j'avais appris qu'elle aimait les moules crues à peine vinaigrées pour l'apéritif, je m'arrêtais régulièrement lui en prendre quelques-unes. Je me disais que peut-être mes attentions l'adouciraient, avec le temps. Au contraire : celles-ci étaient devenues un dû, et si par malheur j'oubliais les moules, elle boudait.

— Bon, puisque je n'ai pas mes moules, je ne mangerai rien. Si, tenez, donnez-moi ce bout de saucisse crue.

— Mais Élisabeth, vous n'allez pas la manger crue, je peux vous la préparer.

— Vous m'emmerdez ! Donnez-moi mon bout de saucisse.

Elle suçota son morceau de saucisse et cracha ce qu'elle ne pouvait mastiquer par terre. Après ses repas, on aurait pu nourrir une armée de cochons, entre la viande mâchouillée et les légumes bien écrasés que l'on découvrait sous la chaise.

Elle était si aigrie que même ses enfants ne venaient plus la voir depuis la mort de son mari, sous peine de repartir en larmes tant elle avait été odieuse, et tant les reproches pleuvaient.

Il est difficile de vieillir, d'autant plus quand on est seule, éloignée de la cité, et qu'on a été quelqu'un. La renommée de son époux en tant que peintre lui avait permis de rencontrer des personnes importantes, et Élisabeth essayait à sa façon de sauvegarder son statut de femme bourgeoise, de femme de… alors qu'en réalité elle était seule.

17

J'ai honte

Depuis que j'ai commencé à écrire ces pages, je fais revivre Georgette, Louise, Juan, Charles et tant d'autres ; pourtant, j'ai honte.

L'association avait un nouveau dossier à me confier. On m'envoyait toujours comme cobaye pour tester la gentillesse ou la méchanceté de nos aînés ; j'héritais donc de ce nouveau cas. C'était une demoiselle qui habitait près de chez Claude. Atteinte d'un cancer du poumon, elle avait refusé les traitements, vu son âge.

Quand j'arrivai, une grande dame m'ouvrit, le sourire aux lèvres. Son regard bleu reste encore gravé dans ma mémoire. Sa première phrase fut :

— Vous prenez un café avec moi ?

— Oui, si vous le souhaitez, merci beaucoup, je m'appelle Anne-Sophie.

— Je sais, j'ai vu que c'était vous qui veniez aujourd'hui, je suis ravie de faire votre connaissance. Après, je vous ferai visiter la maison, mais vous savez, ne vous embêtez pas trop avec le ménage, je ne salis pas beaucoup. Et puis, vous savez – que je suis bête, vous ne pouvez pas savoir ! –, je n'ai pas de famille, je préfère une présence que de vous voir frotter !

Nous avons partagé un café, et elle me raconta son histoire. Ancienne institutrice, elle me rappelait Mémé. Elle avait le même regard d'un bleu profond et envoûtant que ma grand-mère. Elle avait aussi comme elle cet accent bourgeois, qu'à leurs âges on n'expose plus. Je retrouvai chez elle les mêmes recommandations que chez Mémé.

Je regardai ma montre discrètement. J'avais deux heures d'intervention programmées, j'aspirais tout de même à lui faire un peu de ménage. Mais elle en avait décidé autrement. À cet instant, j'avais mauvaise conscience. J'avais le sentiment d'être payée à ne rien faire. Pourtant, je reprochais souvent de ne pouvoir faire de l'humain tant nous étions considérées comme des femmes de ménage ; finalement, à ce moment précis, j'exerçais mon métier. À force de me sentir considérée comme une femme de ménage, je me rendais compte que je m'étais conditionnée à sauter sur les torchons, la serpillière, le seau dès la porte d'entrée franchie. Je savais cependant que l'humain est la quintessence de notre profession, et là, quand, pour une fois, une personne me considérait autrement qu'en professionnelle du récurage, je culpabilisais.

Elle me fit visiter les lieux. Nous arrivâmes dans la salle à manger, où les volets étaient clos. Elle me dit :

— Ne faites pas le ménage ici, je n'y viens jamais, et puis la maison est bien trop grande pour moi. Voilà mon quartier général !

Son quartier général était une pièce au rez-de-chaussée, où elle dormait dans un clic-clac, face à une télévision. Le long du mur, près du convertible, une immense bibliothèque. Elle m'expliqua que son domicile se réduisait à son coin « couchage et lecture », à la cuisine et à la salle de bains. Le soleil éclairait et illuminait ce clic-clac au sommier défoncé et réchauffait la chambrée. Les rayons apportaient de façon surprenante à cette pièce l'espoir d'un bel été ; pas celui d'une rémission. Je la regardais se chauffer le dos au soleil tout en continuant à m'expliquer sa vie et sa vocation d'institutrice.

Je m'attardais sur cette bibliothèque quelques minutes, un véritable écrin de savoir. J'y retrouvais les lectures classiques de ma grand-mère. De Pagnol à Victor Hugo, en passant par Tolstoï.

— Vous aimez lire ?

— Oui, j'adore lire.

— Vous pouvez m'emprunter un livre si vous le souhaitez, mais n'oubliez pas de me le rapporter. Bon, assez parlé de moi, parlez-moi de vous.

Je lui déroulai mon pedigree : ma mère prof, mon père prof, ma grand-mère institutrice. Elle sourit.

— Je comprends mieux maintenant pourquoi quand je vous parlais de mes élèves, vous aviez un sourire. Vous devez avoir des anecdotes avec votre grand-mère, racontez-moi, vous, enfant…

— Oui, j'en ai tant ! Une me revient ! Mémé me l'a répétée maintes et maintes fois, et toujours elle riait aux éclats.

— Vous voulez me la raconter ?

— Avec plaisir. Quand ma grand-mère enseignait, elle avait un appartement de fonction au-dessus de sa classe, et il fallait descendre le grand escalier en bois pour arriver dans la cour de l'école. Lorsque j'étais petite, je filais dans la chambre qui donnait sur le grand portail de l'école, et si une élève arrivait, je courais le lui dire en criant : « Mémé, mémé, y a un z'élève. » Alors elle me laissait dévaler l'escalier et je devenais la responsable de l'ouverture du grand portail vert. Je tournais la grosse clef en fer forgé, et elle me rejoignait. À mes côtés, Mémé sentait bien ma grande fierté à me tenir là avec elle ! Je restais le temps de la récréation, puis je remontais dans l'appartement avec mon arrière-grand-mère pendant que Mémé faisait classe. Je guettais à la fenêtre le moindre son à l'extérieur qui m'indiquait la récréation. Je dévalais de nouveau l'escalier et sur mon petit tricycle jaune je jouais avec tous ces grands « z'élèves ».

La vieille dame souriait. Peut-être m'imaginait-elle petite, je ne sais pas. Son visage affichait cette forme de bienveillance et de gentillesse que je retrouvai dans les yeux bleus de Mémé. Elle continua à me raconter ces années où elle avait pris plaisir à enseigner aux enfants à lire, à écrire et à compter… C'était, pour elle, les mener sur le chemin de leur liberté.

— Ma grand-mère me racontait la même chose concernant ses élèves. La demi-heure de morale, les encriers, les plumes et les buvards, lui dis-je.

— Cela a bien changé de nos jours, je suis contente de ne plus être institutrice.

— Ma grand-mère disait la même chose que vous !

— Quel âge avait votre grand-mère ?

— Quatre-vingt-cinq ans…

— Nous sommes de la même génération. Où enseignait-elle ?

— Dans le Jura, à Foucherans.

— Vous êtes jurassienne ? Quel beau département ! Mais alors, pardon, l'hiver est froid !

— Oui, c'est vrai ! Dites-moi, voulez-vous tout de même que je vous fasse votre lit, que je change vos draps ?

— Pensez-vous ! Je me recoucherai dedans ce soir, à quoi bon, il sera à refaire demain. Laissez…

— Je peux peut-être au moins faire un brin de ménage dans la cuisine, la salle de bains et les toilettes.

— D'accord, si vous tenez vraiment à nettoyer, allez-y, mais j'aimerais que nous continuions à discuter, je peux vous accompagner ?

J'acceptai avec plaisir. Je voyais son souffle lui manquer, elle fatiguait vite. Alors elle s'assit, respira un peu dans son masque à oxygène et reprit notre discussion sur cette société dans laquelle elle ne trouvait plus sa place. Que lui répondre ? Qu'elle se trompait ? Je refusais de lui mentir.

La société actuelle, avec ses chamboulements et son modernisme, oublie ses aînés. La solitude qu'ils subissent aujourd'hui n'existait pas du temps où, dans les villages, chacun prenait soin de son voisin. Or, si nous prenions un peu de temps pour les écouter, nous nous rendrions compte qu'il est toujours captivant et constructif d'avoir leur vision de la société dans laquelle nous vivons.

Elle ne me disait pas : « C'était mieux avant », elle constatait, simplement. Elle se souvenait de la guerre, elle me racontait comment elle l'avait vécue. Je crois que c'est ce qui me plaît le plus dans mon métier : apprendre à voir les événements autrement, pas comme on nous l'enseigne à l'école ou dans nos livres. Grâce à mes discussions avec mes allocataires, spectateurs de l'époque, je vivais l'Histoire.

Par exemple : dans quel livre lirez-vous que, dans le Jura, ma grand-mère, âgée d'une dizaine d'années, agitait un mouchoir blanc à la fenêtre de la maison pour prévenir les résistants cachés dans la montagne que la voie était libre et qu'ils pouvaient venir chercher quelques subsides de nourriture ? Quel livre m'apprendra la terreur que j'ai vue dans ses yeux quand elle m'expliqua comment, petite fille sous l'occupation allemande, elle se rendait au collège à vélo, chaque jour, qu'il neige, qu'il pleuve ou qu'il vente ? Elle passait régulièrement devant les Allemands et, la peur au ventre, elle pédalait chaque fois un peu plus vite.

*

Je suis intervenue quelques mois chez cette dame. Je n'y ai pas fait beaucoup de ménage ; parfois, nous prenions un livre et nous discutions philosophie, oxymores et litotes, alexandrins et hémistiches, accord du participe passé et compléments circonstanciés. Parfois, nous nous asseyions sur la terrasse devant la maison et nous buvions juste un café et le soleil. Elle s'émerveillait toujours de la beauté de mère Nature. Nous attendions le passage des flamants roses, nous échangions. Elle avait ses moments de doute, ses moments d'angoisse. Elle n'avait jamais été dans le déni de sa maladie, elle savait que sa mort arriverait tôt ou tard, mais ce qui l'inquiétait, c'était de souffrir. Pourtant, elle souffrait déjà beaucoup, elle maigrissait à vue d'œil, le souffle de plus en plus court, ses forces de plus en plus faibles. Si, au début de mes interventions, elle marchait seule, au fil des semaines, la canne devint un outil indispensable pour qu'elle fasse quelques pas.

Je l'ai accompagnée un certain temps, puis une collègue a pris ma suite. Je me suis insurgée contre ce changement ; même si je savais que je pouvais arriver un jour et la trouver décédée, je voulais continuer. Mon employeur, sur un coup de tête, me volait la relation si privilégiée que nous avions toutes les deux mise en place. Avec elle, j'avais le sentiment de retourner à l'école, elle était ma maîtresse et j'étais son élève. Elle se sentait valorisée malgré la maladie, lorsque nous revisitions La Fontaine ou rejouions Molière ! Nous chantions ces chansons désuètes d'artistes ringards et, le temps de quelques heures, elle riait.

J'avais oublié encore une fois le fameux « recul nécessaire » que me rabâchait mon employeur ; j'aimais cette femme parce que, parfois, elle me rappelait les règles d'orthographe et de grammaire si précieuses à ses yeux, comme le faisait Mémé.

Alors pourquoi ai-je honte aujourd'hui ? J'ai passé de si bons moments avec elle, je devrais être heureuse d'avoir exercé auprès d'elle mon métier comme j'aimais le pratiquer.

Elle est morte un mois après ma dernière intervention. Je n'ai pas eu le temps de repasser la voir, pourtant je le lui avais promis. Je ne suis pas allée non plus à son enterrement ; j'étais en vacances à ce moment-là. Alors oui, j'ai honte, parce que je n'ai pu lui dire ni merci ni au revoir.

Et parce que j'ai beau chercher au plus profond de ma mémoire, je ne me souviens même plus de son prénom.

18

Tatie Danielle

J'avais poursuivi mes interventions chez Élisabeth. Elle était toujours aussi odieuse, mais je m'étais habituée à ce qu'elle me manque de respect. C'est assez surprenant comme l'être humain, pour conserver son emploi, est capable de faire abstraction de soi et de se laisser maltraiter, même pour un salaire de misère.

Je lui trouvais des excuses, aussi : son âge, l'isolement… C'est lorsque nous sommes confrontés à ces conditions de travail particulières que l'on comprend ce qu'est le savoir-être essentiel à notre métier. Dans d'autres circonstances, jamais je n'aurais accepté que l'on me parle ainsi, jamais je n'aurais accepté d'être humiliée à ce point.

*

Il n'était pas prévu que j'intervienne ce jour, quand ma collègue m'a appelée. Elle devait partir assurer une autre intervention et Élisabeth n'allait pas bien : elle se plaignait de douleurs abdominales et de nausées. C'était un mercredi après-midi, je ne travaillais jamais ce jour-là, pour essayer de passer un peu de temps avec mes enfants. Pourtant, en quelques minutes, j'avais oublié les méchancetés, les canards qu'elle laissait entrer et déféquer quand je venais de terminer le ménage... un peu comme ces contractions d'accouchement dont vous ne vous souvenez plus dès lors que votre enfant est posé sur votre ventre.

Mon époux m'emmena en voiture, et j'arrivai chez Tatie Danielle. Les infirmières n'avaient rien noté de spécial dans le cahier des transmissions que je consultai à peine entrée. Pourtant, Élisabeth n'allait pas bien, pas bien du tout. Elle avait du mal à parler tant la douleur était vive, et elle était livide. Je n'avais aucune compétence particulière pour poser un diagnostic, je connaissais juste la pathologie cardiaque d'Élisabeth et j'imaginais bien que ce qui lui arrivait n'était pas de l'ordre du normal. Je me décidai donc à appeler un médecin.

Dans les cinq minutes qui suivirent, le praticien était là. C'était mon médecin de famille. Ni une ni deux, mise en place de l'électrocardiogramme. Il n'était pas bon, et c'était ce que j'avais supputé : Élisabeth faisait une crise cardiaque. Le médecin s'affaira autour d'elle et, pendant que je préparais son sac, appela le 15. Mais le SAMU est à Arles, soit à quarante kilomètres. Nous espérions qu'ils se dépêcheraient. Régulièrement, je jetais un œil à Élisabeth, dont l'état ne semblait pas se dégrader. Il lui fallait des sous-vêtements, des pyjamas, des chaussettes, ses lunettes, ses appareils auditifs, ses ordonnances, sa carte Vitale (à ne surtout pas oublier) et quelques livres.

Le SAMU arriva presque quarante-cinq minutes après l'appel du médecin. L'appartement étant minuscule, le brancard eut des difficultés à entrer. Placée sous oxygène, Élisabeth était apeurée. Voir toutes ces blouses blanches qui s'affairent autour de vous, c'est très impressionnant. Je lui pris la main. C'est la première fois que je vis dans son regard de la reconnaissance. Elle était touchante et me fit de la peine.

Comment garder nos distances avec les personnes dont nous nous occupons dans ces moments-là, quand la mort peut nous frapper à chaque instant ? Elle qui me répétait souvent qu'elle voulait mourir était effrayée par ce qui lui arrivait.

Les pompiers l'installèrent dans l'ambulance dont on me refusa l'accès. Mais le médecin m'appela et me dit :

— Elle veut vous parler, venez.

À cet instant précis, l'angoisse monta : et si elle souhaitait me parler parce qu'elle savait que peut-être nous ne nous reverrions plus ? Aurais-je développé une forme de syndrome de Stockholm ? Tenais-je plus à elle que je l'aurais imaginé ? Je montai dans l'ambulance le cœur noué, et je sentais les larmes arriver.

Élisabeth souleva son masque à oxygène et me dit :

— Anne-Sophie, est-ce que vous pourrez vous occuper de mon chat tant que je ne serai pas là ?

— Oui, Élisabeth.

— Merci.

Et elle remit son masque. C'était donc de son chat qu'elle voulait me parler. J'en souris aujourd'hui, moi qui avais imaginé tant de choses avant de grimper dans ce camion… Elle voulait juste que je m'occupe de son chat. Sacrée Élisabeth !

Une fois l'ambulance partie, je retournai chez elle faire un brin de ménage et trouver le chat. Il s'était caché, tous ces intrus dans la maison l'avaient effrayé ; d'humeur peu sociable, c'en était trop pour la pauvre bête. J'arrivai tant bien que mal à l'attraper, mais je me demandais ce que j'allais en faire. Je ne pourrais pas venir tous les jours le nourrir ; mais j'avais fait une promesse.

Je n'avais pas non plus anticipé que mon époux m'avait déposée et que je me trouvais à douze kilomètres du village. Deux solutions s'offraient à moi : attendre 21 heures qu'il sorte du travail ou rentrer à pied. Je choisis la seconde option : je mis non sans mal le chat en cage, et je pris le chemin du village où j'arrivai trois heures et demie après mon départ de chez Élisabeth. J'en avais profité pour prendre le temps d'observer cette Camargue que je ne voyais habituellement qu'en voiture, et j'avais croisé des ragondins, des hérons et des avocettes qui m'offrirent l'honneur de leur envol.

J'eus le soir même des nouvelles d'Élisabeth : tout allait bien. Ses enfants m'appelèrent également le soir même pour me remercier. Je n'avais pourtant fait que mon travail, sauf que, cette fois, je n'avais pas accompagné une personne âgée en fin de vie, je la lui avais sauvée.

19

Solange et Félix

Il était assez rare que je puisse m'occuper d'un couple. Cette fois-ci, j'entrais dans l'intimité d'un couple non marié mais vivant conjointement depuis plus de trente ans. J'allais être spectatrice de cet amour dont nous rêvons tous, un amour qui dure contre vents et marée, un amour où finalement la tendresse est le maître mot de la relation.

Ils habitaient un petit appartement dans une des HLM du village. Le logement était propre, mais situé au premier étage. Or Félix avait fait un accident vasculaire cérébral et était devenu hémiplégique. L'étage, même peu élevé, n'était pas du tout adapté à son handicap. De nombreuses demandes furent faites auprès du service de l'habitat pour que le couple bénéficie d'un appartement au rez-de-chaussée, invoquant ses pathologies. Les logements du rez-de-chaussée avaient un jardinet, étaient plus spacieux, et pour un loyer identique. Félix aurait ainsi pu prendre le soleil, installé confortablement dans un fauteuil roulant.

Mais les requêtes demeurèrent lettre morte. Même si des appartements étaient vides, la réponse était constamment négative. Je me suis longtemps posé la question de l'humanité de ces bureaucrates qui ne parviennent pas à comprendre que cette demande ne relevait pas du caprice mais bel et bien d'une véritable nécessité. Le lieu de vie tient une place essentielle dans l'existence d'un individu ; quand on ne se sent pas bien chez soi, comment aller bien psychologiquement ? Solange et Félix étaient condamnés à vivre au premier étage pour des raisons aussi fallacieuses qu'écœurantes : ils n'avaient pas le bras assez long, et leur réclamation n'était pas soutenue par le maire. Et leur situation me révolte d'autant plus que certains logements, loués à l'année, servent de résidence secondaire à des bénéficiaires peu scrupuleux et sont donc fermés la plupart du temps.

*

Félix et Solange se sont rencontrés dans le village. Solange y venait en vacances et Félix était artiste. La Lyonnaise a abandonné son travail, sa famille pour vivre avec cet homme qui la faisait rêver. Félix, à l'époque, n'était pas au mieux : séparé de son épouse, il avait trouvé refuge dans l'alcool et était devenu un pilier de bar abonné aux retours difficiles à son domicile. Solange l'avait sorti de cette addiction, porté, et, ensemble, ils avaient décidé d'ouvrir une galerie dans le village. Évidemment, les œuvres de Félix seraient mises à l'honneur, mais pas seulement. D'autres artistes exposeraient.

Je me souviendrai toujours de cette boutique, éclectique, qui détonnait au milieu de celles de souvenirs ou de vêtements. Sur le trottoir, une grande vitrine rectangulaire protégeait des bijoux. Pas l'éternelle croix de Camargue à 20 euros si elle est plaquée or, ou 15 si elle est en acier ; les bijoux présents dans cette grande vitrine étaient soit des créations artisanales, soit des collections particulières de Charles Jourdan. Combien de fois, enfant puis adolescente, je m'étais arrêtée devant cette petite échoppe... Et voici que je retrouvais ces commerçants que je connaissais bien, âgés, en retraite et dépendants. Ce ne fut pas un moment facile ; mes souvenirs d'enfance m'avaient laissé en mémoire des adultes vaillants. Ces réminiscences me faisaient mal. Je les avais gardées intacts dans mon esprit, je voyais désormais la réalité de la maladie et de la dépendance.

Félix ne peignait plus, mais ne se levait plus seul non plus. Sur la petite étagère de la chambre traînaient pinceaux, peinture à l'huile, encre de Chine et porte-plume. La présence de ce matériel était à la fois pour lui un besoin, mais aussi un mal qui le rongeait. Solange dormait à côté de lui dans cette chambre minuscule, dans un petit lit. Elle ne l'aurait abandonné pour rien au monde. Elle lui servait son petit déjeuner, l'aidait à déjeuner et à dîner. Solange était cependant trop âgée pour prendre en charge les soins de son mari ; elle le voyait souvent bien sale, puisque comme chez toutes les personnes dépendantes les infirmières ne passaient que deux fois par jour, et attendait avec impatience les auxiliaires de vie sociale pour essayer de le rendre présentable.

Je n'avais pas le droit de changer Félix. Alors, que faire ? Humainement, il m'était impossible de le laisser ainsi. Je l'ai changé souvent, j'ai régulièrement utilisé les gants de toilette et pris le temps de lui laver les cheveux à la bassine, de le raser et de couper cette grosse barbe touffue qui l'empêchait de rester propre quand il buvait son café au lait.

Quelle vie avaient-ils tous les deux ? Les enfants vivaient loin, les seules visites qu'ils recevaient étaient les infirmières toujours pressées, les auxiliaires de vie deux heures par jour, deux fois par semaine. Solange s'épuisait, son moral déclinait. À plus de quatre-vingts ans, s'occuper de son compagnon comme elle le faisait était un sacerdoce. Elle avait sacrifié sa vie pour son peintre camarguais, voilà qu'elle continuait au péril de sa propre santé.

La santé de Félix était meilleure que celle de Solange. Elle avait de gros problèmes circulatoires, ses jambes parfois étaient si dures et si gonflées qu'elle ne pouvait plus marcher. Mais elle n'avait jamais oublié de lui servir ses repas ; elle mettait le temps qu'il fallait, accrochée à sa canne, grimaçant de douleur, mais elle continuait de prendre soin de son époux et s'oubliait elle-même.

Et puis, un jour, elle chuta dans l'escalier et fut hospitalisée. Qu'allait-il se passer pour son époux ? L'hôpital ne l'accepterait pas, il n'avait pas de pathologie nécessitant une hospitalisation. Avec mes collègues, nous avions donc pris la décision d'intervenir bénévolement auprès de Félix. Nous nous succéderions jour et nuit afin qu'il ne soit jamais seul. C'est cela, notre travail, prendre soin de l'autre, quelles que soient les circonstances et sans en attendre d'émoluments. Nous savions aussi que Solange et Félix n'avaient pas les moyens de payer l'association pour une prise en charge vingt-quatre heures sur vingt-quatre. C'était donc à nous de nous dévouer.

*

Solange s'en sortit avec quelques contusions et blessures superficielles. Elle était restée quelques jours à l'hôpital, puis avait regagné son domicile.

Pourtant, lorsqu'elle rentra chez elle, elle n'était plus la même. Souvent fatiguée, ses assoupissements étaient récurrents, la mémoire lui faisait défaut. Les infirmières venaient dorénavant pour eux deux. Solange avait des pansements à changer régulièrement : en tombant, elle s'était écorchée au niveau d'une veine, et comme sa circulation était de plus en plus mauvaise, la blessure se sclérosait. À chaque intervention de l'infirmière, Solange serrait les dents et s'accrochait au gros fauteuil en cuir. J'assistais impuissante à ce douloureux spectacle, ma main dans celle de Solange. Mon soutien n'apportait que peu de réconfort à la vieille dame, et ces images me hantent.

Félix, lui, allait bien, semblable à lui-même, mais Solange peinait de plus en plus. Malgré tout, elle se remit peu à peu à l'aquarelle ; quand le cerveau est occupé, la douleur se fait plus silencieuse l'espace d'un instant. Elle n'allait plus faire les courses et tombait régulièrement dans l'appartement, mais elle refusait d'être hospitalisée, pour ne pas laisser Félix seul. C'étaient donc nous, les auxiliaires de vie, qui allions chercher ses provisions. Les courses ne résumaient souvent à ce dont Félix avait envie : pain au lait, café, confiture, jus de pomme. Entre les lignes, deux bouteilles de vin.

Mais depuis que le portage des repas avait été mis en place par le foyer, le réfrigérateur ne désemplissait pas. Il fallait bien se rendre à l'évidence, ils mangeaient très peu. Que faire ? Les forcer, à leur âge ? Impossible. Et qui étions-nous pour leur faire la morale ? Quand on est en fin de vie, n'a-t-on pas le droit de faire et de choisir ? Parce que, oui, Solange était en fin de vie, même si elle se levait, même si elle parlait, quand la porte était fermée je savais que ces deux heures où elle avait donné le change l'avaient exténuée.

Pendant quelques mois, je continuai de faire les courses. Je me rendis vite compte que Solange était tombée dans l'alcoolisme. De deux bouteilles de vin, on était passés à quatre. Que dire, là encore ? Observer, tout d'abord. Comment lui dire qu'elle était ivre régulièrement et que cette ivresse n'était pas compatible avec le traitement qu'elle prenait ? Fallait-il avertir son fils, ma supérieure ? Arrêter de lui acheter du vin ? De quel droit ?

Mémé aussi buvait à la fin de sa vie, elle aimait ce breuvage qui l'emmenait dans des siestes qui réparaient le peu de sommeil qu'elle trouvait la nuit. Le médecin lui avait pourtant dit lors d'une analyse de sang que ses gamma-GT, qui souvent signent l'atteinte hépatique, étaient élevées et lui avait demandé si elle buvait. Elle avait fait comme si elle n'avait pas compris.

— Solange, buvez-vous de l'alcool ?

— Oui.

— Et de l'eau ?

— Sachez, monsieur, que chez moi l'eau n'est qu'à usage externe…

Oui, Solange, comme Mémé, buvait. Pour oublier la douleur du changement de pansement, pour oublier cette vie de dévouement, pour dormir.

Son fils fut averti de l'addiction de sa mère. À quel moment en arrive-t-on à non-assistance à personne en danger et privation de liberté ? La frontière est si subtile. Nous reçûmes l'ordre de ne plus acheter de vin, qui fut remplacé par de la bière sans alcool. Est-ce que cela a changé quelque chose ? Non, rien. Solange trouvait le moyen de se procurer de l'alcool, en demandant à une voisine par exemple. Je n'allais pas ameuter tous les voisins pour leur expliquer que la vieille dame du premier était alcoolique et qu'ils devaient refuser d'aller lui chercher à boire au cas où elle les solliciterait. J'aurais dans ce cas pu être accusée d'avoir brisé le secret professionnel.

Voilà en quoi mon métier est difficile.

Solange est retombée quelques mois plus tard. La gravité de la chute ne lui permit pas de rentrer chez elle. Félix fut accepté dans la même chambre que sa femme, en séjour de longue durée. Lorsque je suis allée leur rendre visite à l'hôpital, Solange ne m'a pas reconnue, Félix, quant à lui, était pareil à lui-même. Solange décéda peu de temps après mon passage, je n'ai plus jamais eu de nouvelles de Félix.

Solange avait été ce que l'on appelle un aidant familial, qui, souvent, s'épuise plus vite que le malade et décède de fatigue. Sans formation aucune, munis de leur seul amour, ils s'usent la santé et le moral. En un an de soins, tout individu aidant familial prend dix ans.

Je dédie donc ce texte à « mes amoureux de Peynet », Solange et Félix, et à tous ces aidants familiaux que l'État abandonne.

20

Burn-out

Cela faisait maintenant quatre ans que je naviguais de domicile en domicile et que j'enterrais les uns après les autres mes bénéficiaires. J'avais pourtant choisi ce métier par conviction, mais peut-être était-ce en fait par utopie, je ne sais pas. J'avais espéré apporter plus de temps, moins d'isolement, des plaisirs à mes allocataires. Mais il y a une chose à laquelle je n'avais finalement jamais véritablement pensé : la mort.

Comment ai-je pu à ce point me tromper ? J'avais vu les limites de mon métier avec cette administration lourde qui ne comprenait rien à l'urgence, avec certaines de ces associations d'aide à domicile qui utilisaient la précarité féminine à des fins qui me choquaient. Je me persuadais que mon métier leur apportait un brin de bonheur, comme on apporte du muguet un 1er mai. Mais j'avais refusé d'ouvrir les yeux sur le fait que chaque lien que je nouerais, chaque histoire que je vivrais avec mes bénéficiaires se terminerait inéluctablement par leur disparition, qui arrivait un jour ou l'autre, sans prévenir et en faisant souffrir.

Nous ne sommes pas tous égaux face à la mort. J'ai rarement été confrontée à une mort sereine et paisible, comme un dernier endormissement tranquille après une vie bien remplie. Parfois, la mort s'obstine en douleurs, elle s'acharne en maladies plus difficiles à supporter les unes que les autres.

En quatre ans, j'avais perdu dix-sept allocataires. J'écris et je me rends compte que je parle de *ma* perte. Mais ces personnes ne m'appartenaient pas, elles appartenaient à leurs familles. Pourtant, elles étaient toutes devenues une partie de ma famille. Chacun pouvait m'appeler à n'importe quelle l'heure du jour ou de la nuit. Pourquoi ? Je l'ignore. C'était une évidence. Quand on travaille avec des personnes âgées, il est impossible de ne pas faire le parallèle avec sa propre vie et ses proches.

Ces personnes m'ont transmis beaucoup, m'ont appris à relativiser, m'ont fait grandir, m'ont donné des recommandations de prudence que seuls nos aînés peuvent nous transmettre.

J'avais réussi jusqu'alors à trouver mon salut dans un livre de Roland Barthes, *Fragments d'un discours amoureux*, grâce auquel je transposais mes situations de deuil en situations amoureuses. « Ne pas scénariser » : je connais ce chapitre par cœur. J'en étais même arrivée à me dire que la mort n'était qu'un changement d'état et que je ne devais pas scénariser les souvenirs quand je passerais devant le domicile de mes absents.

Mais voilà, Roland Barthes ne me suffisait plus, j'avais beau essayer de ne pas me souvenir des bénéficiaires, je n'y arrivais pas. Leurs visages, leurs voix, leurs sourires, leurs souffrances me hantent encore.

J'en voulais à la vie. C'est surprenant, pour quelqu'un qui cherchait à arrêter le temps. Je n'acceptais plus cette mort qui venait terminer ces histoires de vie. Chaque jour, en allant travailler, j'avais une boule au ventre, espérant que personne n'ait chuté ou qu'aucune pathologie n'ait emporté qui que ce soit. Cette hantise du décès ne me permettait plus de faire mon travail sereinement. La solitude au domicile face à ces urgences, le manque de soutien de la part de nos supérieurs, je n'en pouvais plus. Je ne supportais plus de fermer un dossier parce que la mort était survenue.

Il était donc grand temps d'arrêter avant que ce métier ne me dégoûte. J'ai demandé à mon employeur une rupture conventionnelle, qui n'a pas permis une séparation en bons termes, mais je me libérais. J'ai fait une pause quelque temps, je me suis posé beaucoup de questions. Arrêter, continuer, accepter, souffrir… J'ai posé mes maux en mots. J'ai écrit chacune des histoires vécues avec mes bénéficiaires sur quelques feuilles blanches. Je ne les ai jamais oubliés, et c'est bien grâce à eux aujourd'hui que ce livre existe.

Alors je n'ai qu'un seul mot à leur dire à tous : merci.

21

Pause

J'ai tenté de faire une pause. J'avais besoin de me retrouver. Mais être soignant, c'est une seconde nature, vous occuper des autres vous manque. En revanche, le soignant est incapable de s'occuper correctement de lui-même. Durant cette période, je déambulais dans le village, perdue, et je continuais de passer devant les maisons vides des bénéficiaires décédés, comme j'aurais été de chapelle en chapelle, me recueillant devant chaque autel. Je vivais le souvenir de mes allocataires disparus et je déprimais.

Mémé étant partie elle aussi, je devais opérer un retour aux sources, sans quoi je ne pourrais, je le savais, continuer de vivre. Il devint impératif pour moi de retourner dans ma région natale, la Franche-Comté.

Plus facile à dire qu'à faire... Il fallait d'abord trouver un travail. Pas question de changer de voie : ce serait auprès des personnes âgées. Je recommencerais à prendre soin d'eux, je ne savais faire que cela. C'est inexplicable, mais ainsi : mon cœur guidait ma raison. Je soignerais encore et toujours nos aînés, sachant pertinemment que j'en souffrirais. Tout le monde m'a mise en garde, mais personne n'a pu me faire entendre raison : c'était mon métier...

Je postulai donc un peu partout dans la région de ma grand-mère, je passai quelques entretiens. Le dernier fut dans son village. Je fus embauchée pour un essai de quelques heures dès le lendemain matin. Une jeune femme charmante, qui serait mon binôme, m'accueillit et m'expliqua mes attributions : quelques toilettes assez simples, pendant qu'elle prendrait en charge les plus lourdes. Quelques jours plus tard, la directrice de Foucherans m'appela : j'étais engagée au centre d'hébergement pour personnes âgées dépendantes du village. J'aurais pu choisir un poste ailleurs, mais je pris celui-ci sans hésiter. Je devais commencer le 22 décembre, nous étions le 17 ; il ne me restait que trois jours pour organiser notre déménagement…

Nous emménageâmes dans le Jura le 21 décembre. Mon époux serait au chômage, nous le savions ; nous espérions qu'il retrouve un travail rapidement. Pas dans son domaine de compétences – il n'y a pas de port dans le Jura ! –, mais il était prêt à me suivre dans l'aventure.

Les enfants, eux, étaient contents de quitter le Sud et ne nous demanderaient jamais d'y retourner. Emma, la cadette, qui était déscolarisée voudrait même reprendre ses études dans une école publique ; ce fut notre plus belle victoire. Alexandre, l'aîné, étudierait dans le lycée où feu son grand-père enseignait.

Le lendemain de notre emménagement éclair, je devais commencer mon travail dans le village où j'ai mes plus beaux souvenirs d'enfance et où ma grand-mère a laissé une trace dans les esprits ; elle aura été une excellente directrice d'école primaire. À ce moment précis, je ne sais pas si c'est le lieu ou la nouvelle expérience qui me plaît. Et, même si je suis déjà épuisée par le déménagement ; demain, je serai en forme.

*

Foucherans, village où ma grand-mère était directrice de l'école primaire, où mon grand-père tenait la station-service, et où j'ai passé des vacances merveilleuses. Était-ce un signe que Mémé m'adressait ? Je ne le saurai jamais, mais je ne pouvais pas trouver meilleur endroit pour me reconstruire professionnellement et me rapprocher des moments heureux de ma vie, gravés pour toujours dans la cour des tilleuls de l'école où elle enseignait.

J'avais abandonné mes autels, je pourrais enfin commencer mes deuils.

22

22 décembre 2016, 7 heures

Ma tenue est déjà prête, mon nom imprimé sur ma blouse : « Anne-Sophie, AMP ». J'étais fière de ce sigle : AMP. J'étais enfin reconnue comme aide médico-psychologique. C'était écrit. Après un accueil chaleureux de mes collègues, je pris mes fonctions : la gestion du rez-de-chaussée, soit quatorze résidents. J'avais bien fait quelques heures d'essai avant d'être engagée, mais je ne me souvenais pas de tout. Surtout, j'avais espéré être doublée les premiers temps ; ce n'était visiblement pas prévu. La moitié des résidents étaient autonomes – j'entends par autonomes qu'ils arrivaient à se mobiliser ; pour les autres, c'était toilettes alitées.

Je sortis mon chariot de soin et celui de linge. À 11 h 30, tous les résidents devaient être prêts pour se rendre en salle de restauration. Par où allais-je commencer ? L'angoisse de ne pas être dans les temps m'étreignit.

*

Je frappai à la première porte et j'entrai dans la chambre. La dame dormait paisiblement, j'allais devoir la réveiller. Qui aime être réveillé quand il dort profondément ? J'avais beau y aller avec délicatesse, les seuls mots qui sortaient de la bouche de la résidente étaient :

— Foutez-moi la paix, bon Dieu ! Je veux dormir ! Je n'ai pas envie de me lever, revenez plus tard !

Voilà à quoi ressembla ma première prise en charge…

Je décidai de la laisser sommeiller encore un peu ; finalement, à sa place, aurais-je aimé que l'on me réveille, me manipule, me pose sur les toilettes, me lave sans mon consentement ? Sûrement pas. C'est là que commence la bienveillance. Écouter l'autre et respecter ce qu'il demande.

J'allai donc frapper à une autre porte ; cette fois, la dame était assise sur son lit. Soulagement… Il lui fallait sa canne pour marcher, je la lui donnai.

— Vous êtes nouvelle ? me demanda-t-elle.

— Oui, madame. Avez-vous bien dormi ?

— Oh, à mon âge, vous savez, on dort comme on peut.

— Souhaitez-vous aller à la salle de bains maintenant, ainsi, vous serez prête, ou préférez-vous être préparée après votre petit déjeuner ?

— Comme vous êtes là, allons-y, parce qu'après je ne sais pas à quelle heure vous allez revenir.

Cette phrase m'avait laissée un peu perplexe, mais je comprendrais vite pourquoi elle avait tenu ces propos.

— Que souhaitez-vous mettre comme vêtements aujourd'hui ?

— Oh, ceux d'hier, ils ne sont pas sales.

— On va quand même changer les sous-vêtements, vous ne croyez pas ?

— Si vous voulez, mais comme je mets des petites protections, il n'y a pas de raison que je les aie tachés. Ma fille vient me voir aujourd'hui, je suis contente.

— Raison de plus. Douche, alors ?

— Vous me proposez une douche ?

— Oui… Si vous ne voulez pas, ce n'est pas grave.

— C'est pas que je ne veux pas, mais ce n'est pas le jour de ma douche. Il y a des jours de douche, vous savez… ça se voit que vous êtes nouvelle.

— Ah, excusez-moi, effectivement, je ne savais pas. Mais si vous le souhaitez, je prends le temps de vous donner une douche.

— C'est le luxe, ce matin ! Je veux bien, merci.

7 h 45. La dame était nue dans la salle de bains, je transpirais à grosses gouttes, et elle avait froid.

— Je vous lave les cheveux ? lui proposai-je.

— Les cheveux ?

— Oui, voulez-vous que je vous lave les cheveux ?

— Non, je vous remercie. Comme personne n'a jamais le temps de le faire, j'ai pris rendez-vous avec la coiffeuse de l'établissement.

— C'est un service payant ?

— Ben oui, ma petite !

— Si vous le souhaitez, je vous lave la tête, vous économisez la coiffeuse.

— Non, laissez, j'ai rendez-vous dans deux jours, ça tiendra bien jusque-là.

— Comme vous voulez.

L'eau coulait sur le corps de la dame ; je la sentais détendue. Je me dépêchai de la laver, pour qu'elle ait le moins froid possible. Au fur et à mesure que je lui apposais des serviettes de toilette pour la sécher, elle me demandait de bien la frictionner.

— Plus fort, j'aime quand ça frotte. Vous pouvez bien me frotter le dos ?

Je m'exécutai. Puis direction l'habillage. Accrochée au lavabo, tout en se regardant dans la glace, la dame me dit :

— Ça fait du bien, une bonne douche, merci.

— Mais de rien, avec plaisir.

— Vous allez rester dans l'établissement ?

— Oui, pourquoi cette question ?

— Oh, ma petite, on en voit tellement qui arrivent et qui partent que je vous demande.

Sa question ne me surprenait pas tant que cela : je connaissais, et pour cause, les difficultés de ce métier, même si je n'en avais perçu alors que les contours.

— Non, je compte rester, lui répondis-je en la regardant dans les yeux.

— Tant mieux, me dit-elle avec un sourire.

Les soins de toilette achevés, je l'accompagnai vers sa table afin qu'elle prenne son petit déjeuner. Je vérifiai que les draps n'étaient pas souillés, refis le lit au carré, comme j'avais appris à l'école hôtelière, et je pris congé en lui souhaitant bon appétit.

Une heure s'était écoulée entre ma prise de poste et la fin de mon intervention auprès de cette dame. Je m'affolais : j'allais prendre du retard, je n'aurais jamais terminé à l'heure ! J'étais en période d'essai, il fallait que je tienne le coup et que je m'active.

Mais comment s'active-t-on ?

23

22 décembre 2016, 8 heures

Je retournai voir ma marmotte afin d'essayer de la lever et de l'installer à la table pour déjeuner. Je fus reçue de la même façon. Je tentai ma chance en frappant à une autre porte. Je savais que la dame était mobilisable avec de l'aide, mais je voulais au moins lui mettre ses bas de contention et l'installer pour le petit déjeuner. Elle aussi dormait paisiblement.

— Bonjour, c'est Anne-Sophie, dis-je à mi-voix. Le petit déjeuner va être servi, je vous aide à vous lever ?

Là encore, impossible. Je n'avais pas beaucoup de succès ce matin, mon premier jour s'annonçait des plus compliqué. Je devais encore prendre soin de treize résidents. Une lumière rouge s'alluma au-dessus d'une porte dans le couloir. Une dame avait besoin de moi.

Je frappai. Quand j'entrai, celle-ci était assise dans son grand fauteuil.

— Bonjour, je suis Anne-Sophie, vous avez sonné ?

— Vous êtes nouvelle ?

— Oui, madame. Vous avez bien dormi ?

— Vous allez rester ?

— Oui, pourquoi ?

— Oh, ici, on en voit tellement des différentes que je me renseigne.

— J'aimerais rester, mais je suis en période d'essai.

— Est-ce que vous pourriez me laver les pieds, me mettre ma crème et mes bas de contention ? Pour le reste de ma toilette, je me débrouille.

— Oui, bien sûr, madame.

Dans la salle de bains, je remplis une bassine, pris un gant propre et du savon, mis des gants et commençai.

— Si vous le souhaitez, plongez vos pieds dans la bassine, cela peut vous faire du bien.

— Oh oui, merci. Ça fait un moment que je n'avais pas senti l'eau comme cela. Vous savez, j'ai été résistante pendant la guerre.

— Vraiment ?

— Oui, et j'ai même écrit mes mémoires.

— Vous les avez fait éditer ?

— Oh… à quoi bon ?

— C'est dommage. C'est important, les témoignages, pour les générations qui suivent.

— Vous avez raison…

Tout en discutant de ses écrits et en l'écoutant me raconter sa vie, je lui lavai les pieds. C'est surprenant comme un simple lavage de pieds peut détendre une personne… J'apposai ensuite la crème, tout en m'inquiétant du temps que me prendrait le fait de mettre les bas de contention.

Ils décidèrent de ne pas me taquiner et je pus les lui enfiler. Réfection du lit en ayant préalablement vérifié que les draps n'étaient pas tachés, et je pris congé. La dame m'interpella :

— Vous auriez deux petites serviettes à me prêter et deux gants s'il vous plaît ?

— Oui, bien sûr, avez-vous aussi besoin de protections ?

— Oui, s'il vous plaît, trois bleues et une violette.

8 h 30. Je n'avais plus que douze résidents à lever.

Je m'apprêtais à m'occuper des personnes que l'on dit lourdes quand le chariot des petits déjeuners arriva. Entre celles qui n'avaient pas voulu se réveiller et celles que je n'avais pas encore vues, j'étais loin d'avoir préparé tous mes patients. L'angoisse montait.

*

9 heures.

On n'installe pas à la va-vite des résidents alités pour manger. On les installe de telle façon qu'ils soient à leur aise pour déjeuner, et qu'il n'y ait aucun risque de fausse route. On les cale avec des coussins, des polochons, on fait ce que l'on peut avec le matériel mis à disposition en espérant qu'ils ne glissent pas, et on espère que tout ira bien. On leur met une serviette aussi, on essaie de limiter les dégâts pour ne pas avoir à tout changer après.

J'entrai ensuite chez une dame dont je me rappelais que la toilette était un moment compliqué pour elle. J'étais seule et j'allais devoir me débrouiller.

— Bonjour, je suis Anne-Sophie, on va faire la toilette ?

Soudain, la dame se mit à pleurer. De peur, d'angoisse, je ne saurais le dire. Mais l'heure tournait, et je n'avais pas le temps de parlementer, elle devait s'exécuter. N'est-ce pas là qu'une forme de prise en charge dans l'indignité commence ?

L'odeur de la chambre ne laissait pas de doute possible, l'état des ongles de la résidente non plus : la protection était souillée.

— Madame, il faut que nous fassions votre toilette, vous ne devez pas être à l'aise, nous allons y aller doucement, d'accord ?

— Non…

— Regardez, je commence par vous mettre vos bas de contention, tout doucement. Dépliez vos jambes, que je ne vous fasse pas mal.

Elle pleurait, criait, refusait de déplier ses jambes. Mettre des bas de contention est déjà compliqué quand la personne se laisse faire, alors imaginez quand elle se débat !

Après quinze minutes de lutte et une fois les bas enfilés, je cherchai ma bassine d'eau, mes deux gants de toilette (un pour le buste et un pour les parties intimes), mes deux serviettes de toilette, et j'enfilai mes gants. Un véritable combat entre la résidente et moi allait alors s'engager. Tandis que j'essayais de la déshabiller en lui parlant doucement, elle m'enfonçait ses ongles sales partout où elle le pouvait, tentant de repousser ma main. Enlever sa chemise de nuit se révéla pire que tout : elle refusa de plier les bras, les plaquant le long de son corps. Je n'allais tout de même pas la découper ! J'essayais avec douceur, encore et encore, mais rien n'y faisait.

Quand soudain la dame se mit à chanter. Alors que je l'accompagnais, les tensions s'apaisèrent. Elle était moins réfractaire. Je chantonnai avec elle, elle se débattait moins. Puis, tout à coup, son humeur changea, elle pleura de nouveau, s'énerva quand je voulus lui laver les mains et surtout ses ongles noircis par les selles. Avait-elle mal ?

Finalement, après de longues minutes, j'arrivai à la sécher. Je lui proposai de m'aider à l'habiller. Elle accepta, mais continua de s'opposer à chacun de mes gestes. L'installation du soutien-gorge fut le point d'orgue de notre affrontement. Elle se coucha sur le dos et refusa de bouger… Entre deux pleurs, deux cris, deux pincements ou deux morsures, elle chantait. J'étais épuisée. Je réussis enfin à la vêtir en haut et changeai l'eau de la bassine pour m'occuper des parties intimes.

Ma collègue entra et posa son petit déjeuner sur la table. Encore une pression supplémentaire pour moi, le café froid n'est pas digeste.

— On va faire la toilette du bas, lui dis-je en me munissant de mon gant de toilette. Vous êtes d'accord ?

— Non…

— Mais vous ne pouvez pas rester comme ça, insistai-je, vous devez être mal à l'aise.

— Oui… répondit-elle en sanglotant.

— On va se mettre sur le côté, je vais y aller tout doucement. Si je vous fais mal, vous me le dites, d'accord ?

— Non… « Qu'est-ce qu'on attend pour faire la fête, qu'est-ce qu'on attend pour être heureux… »

Elle se remit à chanter, des larmes dans les yeux.

Je pris sa main et j'accompagnai son mouvement pour la basculer sur le côté. Elle s'accrocha à la barrière du lit.

Ses jambes étaient recroquevillées ; enlever ce slip sali fut une épreuve.

Malgré un énième refus de la dame, je commençai à la nettoyer. Elle se raidit au fur et à mesure et urina sur le lit. Roulage des draps, installation de serviettes de toilette pour protéger ce qui était encore propre. J'avais encore ses parties intimes à nettoyer.

Je dégoulinai de chaud, la toilette n'était pas terminée. Honnêtement, à ce moment précis, je n'en pouvais plus. Mon enthousiasme en avait pris un sacré coup derrière les oreilles. Il me restait onze personnes, et je me débattais depuis quarante-cinq minutes avec cette dame. J'avais mal au cœur d'être obligée de me battre pour exécuter ma tâche, même si je me rassurais en me répétant que c'était pour son bien.

La toilette se poursuivait dans les larmes et les cris. Je la rinçai, l'essuyai, et j'installai la protection propre. Afin de bien essuyer son entrejambe et les plis de l'aine, sans quoi les rougeurs arriveraient vite, je devais la mettre de nouveau sur le dos.

Les genoux pliés, je l'essuyai tant bien que mal ; elle hurlait, m'insultait. Sa main gauche agrippa mes cheveux, elle en garderait d'ailleurs une petite poignée.

Il était 9 h 50. Je repensais aux deux résidentes qui n'avaient pas voulu se lever, et à leurs petits déjeuners qui refroidissaient sur la table.

J'habillai tant bien que mal la dame, qui avait adopté la position fœtale. Dix minutes plus tard, tout le bas était enfilé. Il fallait maintenant l'asseoir sur le bord de son lit et l'aider à passer sur son fauteuil roulant.

Interdiction d'utiliser le verticaliseur, qui permet le transfert assis-debout, avec cette dame : elle était tellement crispée qu'elle partait en arrière et l'appareil avec. Quant au lève-malade, il n'avait plus de batterie. Et aucune collègue ne répondit à mon appel à l'aide. Force était de constater que ce serait seule que j'effectuerais ce transfert.

La voilà assise sur le bord du lit, les pieds sur le sol. Tout est en place.

— Je vais vous installer dans votre fauteuil, vous allez m'aider ? Le petit déjeuner est servi.

— Le petit déjeuner est servi ?

— Oui, regardez sur la table. Vous allez pousser sur vos jambes et je vous aide, d'accord ? N'ayez pas peur, je suis là, je vous tiens.

22 décembre 2016, 8 heures

— Non !

Les cris et les hurlements reprirent. Les boutons de ma blouse sautaient les uns après les autres sous les assauts de la dame. Note pour plus tard : plus de queue-de-cheval...

J'aurais tant aimé prendre plus de temps avec elle, ne pas avoir à la contrarier, mais j'avais largement dépassé les limites. Dès que je sentis qu'elle s'appuyait un peu sur ses jambes, je fis le transfert. Elle se laissa tomber comme un poids mort et elle m'embarqua dans le fauteuil. Une douleur dans le dos me coupa le souffle, mais ça passerait...

Enfin, elle était à table. Je courus, vérifiai qu'elle prenait bien son traitement, vidai ma bassine, la désinfectai, nettoyai les gants, courus encore chercher des draps propres et du produit désinfectant pour le lit. Puis direction mes bacs à linge, la poubelle pour jeter la protection souillée.

Au suivant.

24

22 décembre 2016, 10 heures

Je sortis de la chambre épuisée. Épuisée de m'être battue contre mon énervement et contre cette résidente apeurée. C'est alors qu'une dame aux cheveux d'un joli blanc m'interpella :

— Bonjour, mon petit, dites, est-ce que vous me feriez mon lit ?

— Oui, bien sûr. Souhaitez-vous que je vous aide pour la toilette ?

— Oh non, non, mon petit, je me débrouille, j'ai juste besoin que vous me fassiez mon lit.

— Vous souhaitez que nous changions les draps ?

— Oh, pensez-vous ! Cela fait dix jours que je les ai.

— Dix jours ?

— Oui.

— Changeons-les, puisque je suis là.

— Mais vous n'avez pas le temps, ma pauvre !

— Venez…

Je mentais, la dame avait raison. Elle souriait. Elle avait ce visage des grands-mères russes, avec ses fossettes rosées. Très élégante, fine et grande, bien coiffée. Je revois ses beaux yeux bleus et son fauteuil crapaud à côté de la fenêtre où elle s'endormait les après-midi.

— Merci. Vous êtes nouvelle ?

— Oui.

— Vous allez rester ?

Toujours la même question…

— Oui, j'y compte bien.

— Parfait, alors nous nous reverrons.

10 h 10, il me restait toujours onze résidents. Je pensai à mes deux dames du fond du couloir qui n'étaient pas levées. J'étais décidée à aller les voir, et cette fois-ci, je serais ferme. Une lumière rouge s'afficha. Je me rendis auprès de la résidente.

— Bonjour, vous avez sonné, vous avez besoin de quelque chose ?

— Oui, pourriez-vous m'installer le bassin ? J'ai besoin, s'il vous plaît.

— Bien sûr.

Ce soin était devenu naturel chez elle ; sa pudeur, elle en avait fait le deuil, sa dépendance aussi. Elle avait besoin du bassin, et elle discutait avec moi comme si elle buvait son thé.

— Vous êtes nouvelle.

— Oui, je m'appelle Anne-Sophie.

— Et vous allez rester ?

— J'y compte bien.

— C'est bien. Vous savez, moi, j'ai perdu ma fille. Elle est morte d'un cancer. Regardez, elle est en photo sur l'étagère. Et moi je suis encore là. C'était à moi de mourir, pas à ma fille.

Elle se mit à pleurer. J'eus envie de la consoler, de la prendre dans mes bras, mais ç'aurait été outrepasser mes fonctions. Manquer de ce fameux recul professionnel.

Alors je l'ai écoutée. Je n'avais pas le temps, mais je le pris.

— Vous êtes bien installée ? lui demandai-je avant de partir.

— Oui, parfait, vous pouvez aller vous occuper de quelqu'un d'autre, je vous rappelle quand j'ai terminé.

— Ça va aller, vous êtes sûre ?

— Mais oui, ma petite, j'ai l'habitude.

L'habitude. Comment ce mot « habitude » peut-il être utilisé par nos aînés quand on les installe sur un bassin, une fois leurs changes ôtés ? Le confort est sommaire. Leur nudité exposée. Leur dignité envolée. De quelle manière arrive-t-on à s'habituer ?

Quand je sortis de la chambre, je retournai voir la première dame ; elle dormait encore. Le petit déjeuner était évidemment froid ; les médicaments étaient posés sur la table, et, vu l'heure, il était temps qu'elle les prenne. Je m'approchai d'elle. Elle était toute chaude, emmitouflée dans sa couette. C'est beau de voir un ancien dormir, j'aurais pu rester des heures à l'observer. Son visage était serein, pas de douleur, et sûrement de jolis rêves.

Si elle n'était pas en EHPAD, probablement aurait-elle dormi toute la matinée, se serait levée quand elle l'aurait décidé, aurait pris son petit déjeuner à midi. Là, ce n'était pas possible. Il y a des règles, dans un EHPAD, des horaires, et les rythmes biologiques sont rarement respectés.

Comment la réveiller ? Si j'ouvrais les volets pour laisser passer la lumière, pas sûre qu'elle apprécierait. Je me rapprochai donc et lui caressai la joue.

— Madame Trapot, c'est Anne-Sophie, il faut vous réveiller, votre petit déjeuner est servi.

— Mmmmm…

— On va se réveiller doucement, je vais ouvrir les volets, vous êtes d'accord ?

— Mmmmm…

— Vous avez bien dormi ?

— Mmmmmm…

— On va se lever, je vais vous aider. Désolée, j'ai les mains froides.

Je relevai la couette et lui enfilai ses bas.

— Vous m'emmerdez, je veux dormir !

— Je sais, mais il faut vous lever, le petit déjeuner est servi et il est 10 h 20, je vais vous aider.

— Je ne veux pas me lever.

— Je sais, mais nous n'avons pas le choix, vous n'allez pas rester au lit toute la journée ?

— Merde !

— Allez, venez, je vais vous aider.

Alors qu'elle était encore à moitié endormie, je la pris dans mes bras et j'accompagnai son mouvement pour l'asseoir sur le bord du lit. Elle était toute molle. Il fallait la tenir avec douceur, et continuer de la motiver.

— Je vais tomber…

— Mais non, je suis là, je vous tiens.

Je me plaçai devant elle et la chaussai. Elle se laissait partir en avant, elle somnolait.

J'approchai le déambulateur, en redoutant déjà les quelques mètres vers la salle de bains. Je l'aidai à empoigner l'accessoire indispensable à ses déplacements et lui donnai une légère impulsion pour qu'elle puisse se mettre debout. Elle se laissa encore partir en avant. Elle aurait préféré dormir, et je n'avais pas d'autre choix que de la lever. Je culpabilisai.

— On va s'installer aux toilettes, venez.

Je la déshabillai, j'enlevai la protection souillée et je restai encore à côté d'elle.

— Je vais tomber !

— Mais non, je suis là.

— Sale pute ! Je ne vous aime pas.

— Nous allons apprendre à nous connaître.

— Espèce de connasse, fous-moi la paix, je vais tomber !

— Mais non, je suis là, je vous tiens.

— Ferme ta gueule ! Et puis tu me fais mal.

— Où est-ce que je vous fais mal ?

— Nulle part ! C'était pour t'emmerder.

— On va faire votre toilette, alors, vous êtes d'accord ?

— Non, va-t'en !

— Je ne peux pas vous laisser comme cela.

— Dégage, je te dis, salope !

J'allais encore être obligée de la contraindre. Si j'avais respecté son rythme biologique, peut-être aurais-je évité toutes ces insultes. Lui en vouloir, lui en tenir rigueur ? Non ! Elle était âgée, et je n'aurais sûrement pas été heureuse moi non plus, même à mon âge, que l'on m'oblige à me lever.

Je l'installai sur le banc dans la douche, tirai la chasse d'eau et commençai à la déshabiller. Elle continuait de se laisser tomber en avant. Était-ce du cinéma ou un véritable manque d'équilibre ? Je l'ignorais.

— Donnez-moi votre main. La température de l'eau vous convient ?

— C'est trop froid !

— Et ainsi ?

— C'est encore trop froid.

— Comme cela, alors ?

— C'est trop chaud !

Cinq bonnes minutes de perdues pour trouver la température qui lui seyait. Et l'heure qui tournait...

Les invectives fusaient, je ne les entendais pas. Je faisais mon travail. Plus je lui parlais, plus elle m'insultait.

Je changeai de gant pour la toilette du bas. Il fallait qu'elle se lève pour que je puisse laver ses parties intimes. Je craignais qu'elle ne tombe. Et ce que je redoutais arriva : elle se redressa quand je le lui demandai mais se laissa partir en avant, manquant de justesse de se fracasser le front contre le mur. Enfin, je la séchai, posai la serviette sur le petit banc pour qu'elle s'y asseye. Je terminai d'enfiler le slip filet et le change, la jupe et ces satanés bas de contention. Il fallait trouver des astuces pour éviter aux résidents un maximum de mobilisation.

Mon téléphone se mit à sonner. La dame sur le bassin avait terminé. Je ne pouvais pas abandonner ma résidente sur le banc de la salle de bains à moitié habillée.

— Je vais tomber... me dit encore celle-ci tandis que je la relevais.

— Mais non, je suis là.

— Je tombe...

— Je suis là, ne vous inquiétez pas.

En fait, j'étais très inquiète. Et si elle tombait, comment la rattraper ?

Je l'installai dans son fauteuil roulant. Un coup de peigne, un peu de parfum. Mon téléphone sonnait toujours. Je culpabilisai de plus belle. Au bout du compte, la résidente récalcitrante était enfin à sa table de petit déjeuner. Le café était froid, je dus courir à l'autre bout du couloir pour le réchauffer au micro-ondes. Et mon téléphone sonnait toujours.

Les médicaments, le linge sale, les poubelles, je filai m'occuper de la résidente installée sur le bassin depuis maintenant une demi-heure. Le lit attendrait, je reviendrais.

25

Course contre la montre

Plus qu'une heure pour que tous les résidents dont j'avais la charge soient prêts à aller en salle de restauration, et il ne me restait que des toilettes alitées. Je savais qu'elles me prendraient du temps, je ne serais donc pas à l'heure. Et aucune collègue pour venir m'assister. Moi qui avais espéré que ce serait différent de l'aide à domicile, je me sentais aussi seule que lorsque j'étais auxiliaire de vie sociale. J'apprendrais à mes dépens, avec le temps, ce qu'était une équipe, et combien la réalité était loin de l'image idéalisée que je m'en étais faite.

— Je suis désolée, je n'ai pu venir avant, m'excusai-je auprès de la dame sur son bassin.

— Oh, ce n'est pas grave, j'ai l'habitude… répéta-t-elle

Comment peut-on avoir l'habitude de rester de très longues, trop longues minutes sur un morceau de plastique inconfortable qui vous laisserait des marques ?

— Je vais vous faire votre toilette, tant que je suis là, vous êtes d'accord ?

— Oui, allons-y.

Quand je lui enlevai le bassin, comme je l'avais craint, la dame avait des marques. La culpabilité m'étreignit. C'était ma faute, j'aurais dû répondre dès son premier appel. Mais je n'avais pas le temps pour m'étendre sur mes états d'âme ; ma résidente était polyhandicapée, et le temps pressait. Je commençai le déshabillage.

— Ça va, je ne vous fais pas mal ?

— Oh non, vous pouvez y aller. D'où venez-vous ?

— Je suis franc-comtoise, née à Besançon.

— Ah, vous connaissez le Jura, alors ?

— Oui.

Nous fîmes doucement connaissance, tandis que je la tournais et la retournais pour pouvoir pratiquer une toilette la plus complète possible. On a beau y mettre un maximum de douceur, l'individu, avec ces manipulations qui deviennent peu à peu des automatismes, n'est-il pas réduit à un corps ? Mes collègues avaient-elles les mêmes réticences que moi ?

La toilette devrait être un moment de détente pour les résidents, elle se résumait à de la technicité et à des tours de grand huit sans lot à la clef. C'était donc à moi de trouver des astuces pour éviter au maximum de la bringuebaler dans tous les sens : lorsque la dame était sur le dos, je lui installais le slip filet avec la protection et la jupe. On remontait le tout, en s'assurant qu'il n'y avait pas de plis dans l'entrejambe, je la basculais d'un côté pour passer les fesses, et de l'autre pour que l'avant passe aussi. Ces deux actions, anodines quand on est valide, deviennent fastidieuses quand on a plus de quatre-vingts ans et que l'on est paralysé.

Une fois habillée, la dame souhaita rester couchée ; on aurait été fatiguée à moins.

— Revenez me chercher pour aller manger, je vais me reposer un peu en attendant, si cela ne vous dérange pas.

— Non, pas du tout. Avez-vous besoin de quelque chose ? demandai-je en approchant sa table, sa sonnette et son téléphone.

— Non, ça ira, merci, me répondit-elle.

*

Sortie de la chambre de cette résidente, il me restait trente minutes pour encore deux toilettes alitées, et je n'avais toujours pas réveillé la deuxième dame du fond du couloir.

Youpi ! Quand j'entrai dans sa chambre, celle-ci était levée et attablée, et elle avait pris son petit déjeuner et ses médicaments. Je lui proposai de se rendre aux toilettes.

— Tu es qui, toi ? me demanda-t-elle, sur la défensive.

— Je suis Anne-Sophie, je viens vous aider à aller aux toilettes. Vous venez avec moi ?

— Tu veux me tuer, c'est ça ? On m'a mise ici pour me tuer…

— Mais non, suivez-moi, je vous emmène juste aux toilettes. Votre chemise de nuit est trempée, vous devez avoir froid.

— Je vous connais, vous, les blouses blanches, vous croyez que je suis folle, c'est ça, hein ?

— Bien sûr que non, mais vous avez besoin de vous changer. Vous verrez, cela vous fera du bien.

— Du bien ? Arrête tes conneries ! Moi, c'est chez moi que je serais bien.

— Vous habitiez où ?

— Ben, pas loin, quelle question !

— Donnez-moi la main, vous allez me raconter votre histoire et nous allons faire connaissance.

Finalement, elle me tendit ses deux mains et, accrochée à mon bras, franchit les trois mètres qui nous séparaient de la salle de bains en cinq bonnes minutes. Elle sentait si fort l'urine qu'un seul choix s'imposait : une douche. J'étais dans le jus, je n'aurais jamais terminé à temps, mais tant pis, j'aurais pris soin de nos aînés.

La crainte me vint cependant : j'étais en période d'essai, est-ce que mon efficacité toute relative au vu du temps qui m'est concédé me desservirait ?

À cet instant, j'eus envie de pleurer. Je n'y arriverais jamais. Les agents de service tentèrent de me rassurer. Mais j'avais du mal à contenir les larmes qui commençaient à perler au coin de mes paupières. Inspirer, expirer et repartir. Il me restait deux toilettes lourdes à faire en quinze minutes. C'était impossible. Pour couronner le tout, mon téléphone sonna. Ma gentille résidente avait de nouveau besoin du bassin. Déshabillage, installation du bassin. Je la laissai faire ce qu'elle avait à faire en espérant qu'elle ne me rappelle pas trop vite.

*

11 h 20.

Je frappai à la porte d'un monsieur. Il avait déjeuné, comme il avait pu : les draps avaient reçu la moitié de son café au lait…

— Bonjour, monsieur, vous avez bien dormi ?

Poser cette question à cette heure-ci m'apparut soudain grotesque.

— Oui, très bien.

— On va aller à la toilette, vous êtes d'accord ?

— Oh oui, alors !

Le verticaliseur était rechargé, j'avais anticipé et l'avais emporté dans la chambre.

— Bien, alors vous allez m'aider, on va s'asseoir sur le bord du lit.

— Oh oui, oui !

Malgré toute sa bonne volonté, le monsieur était lourd et ne put que très peu être utile à l'opération. Mon dos en prit un coup, mais le résident fut assis. Imaginez-vous un homme de quatre-vingts kilos qui se tient à deux petites poignées comme celles d'une trottinette, et que vous devez pousser jusqu'à la salle d'eau. Les roulettes sont aussi larges que celles d'un chariot de supermarché. Pas de direction assistée. Il faut éviter les murs, les coins de meuble, pour que le résident n'y laisse pas un coude.

Je lui baissai son pyjama, son slip filet, et j'enlevai la protection pour l'installer sur la chaise percée. Mais son sphincter ne put attendre, et ses selles tombèrent sur le sol. Ce n'était pas sa faute, bien sûr, mais les larmes perlèrent de nouveau. En plus de le doucher, il faudrait que je nettoie le sol. Garder son calme, l'installer sur la chaise. Je devais laver le sol souillé pour pouvoir accéder à la douche avec l'appareil. Une seule solution : enlever le plus gros avec ce que je pouvais et passer la douche. L'odeur était pestilentielle. Pour autant, le monsieur était de bonne humeur.

*

11 h 30, la lingère frappa.

— Ton linge est là ?

— Oui, je suis désolée, je n'ai pas eu le temps de le descendre, je suis très en retard.

— Je le prends.

— Merci beaucoup.

Première étape de la toilette : le rasage. Je soufflai, il avait un très bon rasoir électrique. Du temps de gagné. C'est tout de même terrible de commencer à imaginer comment gagner du temps…

Le résident était d'une grande gentillesse et obtempérait sans rechigner. Je lui lavai le dos, le buste, le visage et les cheveux. Sous l'effet de l'eau chaude, les gens se détendent et parlent. Lui me parla de tout et de rien, ses propos n'étaient pas toujours cohérents, mais qu'importe, je répondais. Mon téléphone sonna. La séance bassin était terminée. Je me trouvais encore confrontée au dilemme de laisser ce monsieur sans surveillance sur cette chaise percée, où il risquait l'accident, ou d'éviter d'autres marques à ma résidente.

Je décidai de finir la toilette du monsieur, mais je devais activer le mouvement. Comment faire encore plus vite ?

Une fois le haut lavé et habillé, je repris l'engin de malheur pour entreprendre la toilette des parties intimes en position semi-debout quand mon téléphone sonna de nouveau. Ce n'était pas la même chambre. Je n'avais pas d'autre choix que de terminer sa toilette, et j'étais donc obligée à ce stade d'imposer à l'autre résidente de la non-traitance. La colère montait ; ce n'était pas cela, mon métier.

Il fallait que je me dépêche pour que la station à moitié debout ne le fatigue pas plus. La toilette du bas se ferait donc au lavabo. Tout en évitant autant que faire se peut de mouiller le haut, je le nettoyai. Il fatiguait, je me dépêchai un peu plus. Je le séchai, j'installai la protection propre. Mon téléphone bipa encore ; mon Dieu que cet appareil me stressait ! Direction le fauteuil roulant. Là aussi, des précautions sont à prendre pour que la personne ne glisse pas. Installation des appuie-pieds, un joli pull, un coup de peigne et un soupçon de parfum. Il me sourit. Je m'occuperai de son lit plus tard, pas le temps.

Cela montait à trois le nombre de lits non faits.

*

J'allai ensuite voir ma résidente sur le bassin. Je savais que cette intervention me prendrait moins de temps que la deuxième, une dame qui voulait que je lui fasse sa toilette. Il était 11 h 45, et elle ne m'avait pas encore vue de la matinée…

En lui enlevant son bassin, j'avais prié pour qu'il n'y ait pas de selles. Raté. Je devais, en plus du nettoyage du bassin, renouveler la toilette intime de la résidente. Certaines collègues la font à la mousse nettoyante, je considère que nos aînés ne sont ni des tapis ni des moquettes, et que le savon est plus approprié. Certes, cela prend plus de temps, mais la finalité est une meilleure prise en soin.

J'en profitai pour l'installer dans son fauteuil roulant. Là encore, grand moment de solitude : porter une dame parce qu'elle ne supporte pas les engins, viser le fond du fauteuil, et surtout, vérifier que la jupe soit bien au milieu. Pour de nombreuses personnes âgées, la préoccupation majeure est l'élégance, et j'aimais cette idée. Un coup de peigne, quelques gouttes de parfum, elle était prête pour aller manger.

Je ferais son lit plus tard.

Et de quatre.

26

11 h 50 :
dernière toilette de la matinée

Je frappai et j'entrai dans la dernière chambre. Je m'excusai platement de mon retard.

— Ne vous alarmez pas, j'ai l'habitude.

Encore cette satanée formule... J'étais mal à l'aise, j'avais chaud, je n'avais pas réussi à boucler toutes mes tâches en temps et en heure, et je m'inquiétais pour ma période d'essai. Je n'avais qu'une seule envie : me sauver en courant et pleurer dans un coin.

Mémé, aide-moi à tenir, s'il te plaît !

Je m'en voulais d'avoir laissé cette gentille dame si longtemps dans sa protection souillée. Je lui crémai les jambes, et je lui enfilai ses bas de contention. Je cachais mes larmes, mais j'avais la gorge nouée et je n'arrivais pas à parler. J'étais frappée de plein fouet par la culpabilisation qui envahit le soignant qui ne peut accomplir son travail en lui donnant du sens, c'est-à-dire en prenant l'individu dans sa globalité et non comme une somme d'actes à enchaîner dans le moins de temps possible.

— Vous êtes nouvelle ?

— Oui.

— C'est bien, je vais vous aider et vous dire comment on me fait ma toilette.

— Je suis encore désolée pour le retard.

— Oh, ce n'est pas grave, ils m'attendront bien pour manger, et puis je n'ai pas très faim.

La dame me demanda de l'installer sur sa chaise percée, elle était autonome concernant la toilette du haut. Je l'aidai donc à s'asseoir sur le bord du lit, lui enfilai des chaussons et lui passai les sangles du verticaliseur. Elle râla de douleur ; à la vue de ses jambes gonflées, je compris vite qu'il faudrait que le transfert ne soit pas long. Les roulettes de l'appareil étaient toujours aussi peu dociles, et je tenais à bout de bras une personne qui devait peser près du quintal. Je l'installai sur la chaise, la rapprochai du lavabo. Elle souhaita ses sous-vêtements, son caraco, et me dit :

— Je vous rappelle quand j'ai terminé, vous devez encore avoir des choses à faire, ne vous inquiétez pas pour moi.

J'avais effectivement quatre lits en instance. Je profitai de sa proposition qui tombait on ne peut mieux pour rattraper mon retard. Enfin, c'est ce que je pensais. Je me mis à faire les lits quand une petite voix au fond du couloir m'interpella :

— Mademoiselle, vous savez quand l'aide-soignante viendra s'occuper de ma toilette ?

Ma culpabilité fut à son comble, j'avais oublié cette résidente.

— Je viens maintenant si vous le souhaitez.

— Oh, merci, vous êtes gentille.

Non, je n'étais pas gentille, je l'avais oubliée. Heureusement pour moi, elle était presque autonome et pouvait, avec mon aide, faire seule sa toilette au lavabo. Même si ce n'est pas ce que je préfère, c'est toujours mieux que rien. Dix minutes à ses côtés, un peu de parfum, et la voilà partie, canne à la main, vers la salle de restauration. Je n'aurais pas vraiment eu le temps de discuter avec elle, mais j'aurais été efficace. Mon téléphone sonna : ma résidente précédente avait terminé.

*

De retour dans la chambre de la dame, je lui agrafai son soutien-gorge, l'aidai à enfiler son tee-shirt, et l'éloignai du lavabo. Il me restait toute la toilette intime à faire. Je la rattachai au verticaliseur, et, comme pour les autres, j'en profitai pour préenfiler le bas. Je l'apprendrais à ses dépens, mais cette résidente souffrait d'une pathologie qui nécessitait une intervention rapide après un passage aux toilettes.

Savon, gant, séchage, attention aux plis. Mes gestes étaient devenus automatiques. Je ne sais même pas si je lui ai parlé, je ne voyais que l'heure qui tournait. Quelqu'un frappa à la porte. Une collègue. Enfin ! C'est à cette heure-ci que l'on venait me demander si j'avais besoin d'aide, alors que toutes avaient pu prendre leur pause de 10 heures ? C'était probablement le traitement que l'on réservait aux nouvelles. Elle me proposa d'emmener des résidents dans la salle à manger. La tête dans le fessier de la dame, évidemment que j'apprécierais qu'elle emmène des résidents !

La toilette terminée, et après un passage toujours éprouvant et périlleux par le verticaliseur, je l'installai bien au fond de son fauteuil. Elle me demanda son foulard, son sac à main et un peu de parfum. Je la conduisis enfin jusqu'à la salle de restauration.

*

11 h 50 : dernière toilette de la matinée

Je devais terminer à midi, il était presque 13 heures. J'avais encore ma poubelle à sortir et deux lits à faire. Je me suis acquittée de toutes ces tâches et, une fois dans les vestiaires, je me suis mise à pleurer. En attendant l'heure de la reprise, soit 14 h 30, je suis allée me reposer de cette matinée infernale.

*

Les jours qui suivraient, je serais toujours au même étage. Pourtant, sur le planning, il était bien noté que je devais passer dans les autres étages, mais mes collègues en avaient décidé autrement. Je pris cette délicate attention comme une sorte de bizutage. J'ai donc travaillé durant quatre jours consécutifs au rez-de-chaussée ; je me suis sentie coupable, inutile, incapable, jusqu'à l'écœurement, mais j'ai continué, parce que même si chaque jour je débauchai en retard, chaque jour j'avais pris soin des résidents avec le temps que l'on avait bien voulu m'accorder.

J'apprendrais plus tard que personne ne voulait travailler au rez-de-chaussée… C'est beau, une équipe !

27

Jour de repos

Ce premier jour m'avait épuisée. J'étais à la fois en colère et triste, et je ruminais. J'étais partie en pleurs, écœurée de ne pas m'être sentie à la hauteur des tâches qui m'incombaient, et avec le sentiment d'avoir été abandonnée à mon triste sort. Sous prétexte que j'avais fait mon essai au rez-de-chaussée, soit quatre heures en tout et pour tout, j'étais pour mes nouvelles collègues une professionnelle de cet étage. J'avais été lâchée dans le grand bain sans bouée. Elles ne m'avaient que très peu adressé la parole, juste pour me demander quelle mouche m'avait piquée d'avoir quitté le sud de la France pour le Jura.

Je comprenais mieux pourquoi les nouvelles recrues ne voulaient pas rester, on ne pouvait pas dire que l'accueil dans l'établissement était des plus chaleureux. Personne ne m'a expliqué les tâches à effectuer dans la journée. Elles exécutaient leur routine en m'ignorant gentiment. Alors j'ai suivi, j'ai observé, j'ai pris des notes. Après tout, elles n'étaient que des collègues.

J'avais tenté de me rassurer en me persuadant qu'elles n'avaient probablement pas eu le temps ; or je les avais vues prendre une pause-café à 10 heures sans même me proposer de les accompagner. J'aurais décliné l'invitation, certes, mais j'aurais été contente qu'elles pensent à moi.

*

À la maison, tous ces désagréments me hantaient. J'avais quitté l'aide à domicile pour ne plus me sentir seule, et je retrouvais la même situation au sein d'un établissement.

Je repensais à un épisode en particulier. Je devais rapporter les plateaux des petits déjeuners des résidents qui n'avaient pas terminé au moment du ramassage de ceux-ci. J'avais déjà fini en retard, j'avais amené les résidents dans la salle de restauration quand, du fond de la pièce, j'entendis une serveuse peu encline à être agréable m'apostropher :

— Hé ! Toi !

En claquant des doigts, comme on appellerait un chien. Je me retournai.

— Oui, toi, là-bas, les plateaux, ce n'est pas moi qui vais aller les chercher, tu les rapportes.

La serveuse m'avait interpellée devant tout le monde. Je sentis la honte rosir mes joues. J'avais galéré toute la matinée, et je prenais cette réflexion comme un énième manquement : j'avais oublié les plateaux.

Je n'ai rien rétorqué, je ne me suis pas plainte du comportement des autres. J'avalai la pilule, mais après plusieurs verres d'eau. Mon métier, pourtant, je le connaissais ; aujourd'hui, je me sentais nulle.

De retour à la maison, j'avais devant moi des sacs de linge à ranger, des cartons à déballer. Je n'avais pas le courage de m'y mettre. Il allait pourtant bien falloir, les enfants n'allaient pas piocher dans des sacs-poubelle pour trouver leurs vêtements ! Et puis, il faudrait que je me traîne jusqu'au supermarché acheter des produits frais ; jusqu'à maintenant, seuls des sandwichs rythmaient nos repas. Le camping, c'est sympathique, mais pas trop longtemps.

Pour couronner le tout, nous n'avions pas d'eau chaude, le ballon avait lâché faute d'avoir été décalcairisé. Le plombier, en cette période de fêtes, était débordé. Moi qui rêvais d'un bain pour évacuer les douleurs et la pression, c'était raté.

*

En ce 23 décembre, jour de congé, je n'avais pas vraiment réussi à me reposer. J'avais vainement tenté d'oublier la veille, à part quelques instants dans le regard de mes enfants. Mais le répit serait de courte durée.

Demain, j'y retournerai ; demain, je ferai de mon mieux ; demain, j'essaierai de ne pas penser ; demain, j'essaierai d'être un automate pour terminer à l'heure et ne rien oublier.

Je m'accrocherai ; au diable les collègues, j'étais là pour prendre soin de nos anciens.

28

La magie de Noël

En cette veille de Noël, j'étais toujours affectée au même étage – décidément, on ne me ferait pas de cadeaux, même les 24 et 25 décembre. Je n'en pouvais plus, de ce rez-de-chaussée ! Je l'avais même déjà en horreur.

La façade de l'établissement était jolie, les illuminations donnaient vraiment le sentiment que Noël approchait. À l'intérieur, un sapin trônait, des décorations avaient été installées un peu partout dans la salle de restauration. Le reste du bâtiment, en revanche, était identique à lui-même, et les couloirs étaient toujours aussi blancs. La vitrine était soignée, elle plairait aux familles, mais les coulisses étaient moins clinquantes. Et les tâches à effectuer au pas de charge, Noël ou pas Noël, identiques à n'importe quel autre jour.

Aujourd'hui, par exemple, il n'y avait plus de gants à usage unique, je serais dans l'obligation de prendre des gants de toilette classiques. En cas de selles, ça s'annoncerait coton… Il n'y avait plus non plus de protections bleues, il faudrait donc mettre à tout le monde des violettes, celles de la nuit, plus absorbantes et disgracieuses. Nos aînés se promèneraient donc en cette veille de Noël avec des fessiers rebondis. Et tant pis pour ceux qui souhaitaient rester discrets sur le port des changes.

Combien de fois nous avons manqué de matériel, combien de fois la réserve fut vide, je ne compte même plus…

Malgré la présence de haut-parleurs dans chaque couloir, aucun chant de Noël n'était diffusé dans l'établissement. Les seules notes qui résonneraient seraient les mêmes que d'habitude : les bruits métalliques des chariots qui s'entrechoquent, des poubelles qu'on vide, des infirmières pressées, le chuintement des chaussons des aînés sur le carrelage.

Je me consolai en me disant que ce soir, une fois à la maison, des chants de Noël m'accueilleraient, le sapin serait illuminé, et ma famille me cajolerait. Mais nos aînés ? Ceux qui étaient sans famille resteraient seuls dans leur lit ce soir, à la même heure que d'habitude. Rien ne changerait, ce serait finalement une journée comme une autre. Certains dans l'après-midi seraient installés devant la télévision ; les goûters seraient distribués, les changes et les mises en pyjama effectués.

Il régnait ainsi une ambiance assez lourde dans l'EHPAD. Aucune effervescence, aucune joie dans les regards. Seules les décorations nous rappelaient que nous étions la veille de Noël. À 20 heures, tous les résidents seraient couchés. Où sont passés les repas en famille ou entre amis ? Où sont passés ces moments privilégiés où ces femmes passaient des heures dans leur cuisine pour préparer la veillée ? Qui irait à la messe de minuit ? Personne. Certains espéraient avec angoisse que leurs proches viennent les voir le lendemain, sans en avoir la certitude.

Je savais déjà que les couchers seraient ardus, chargés en émotion et tristesse. Et comme je n'aurais pas plus de temps à leur accorder, je partirais le cœur blessé. Comment réconforter un sage seul pendant ces fêtes ?

*

Le dîner de ce soir était fidèle aux autres jours : l'éternelle soupe, un friand au fromage difforme et trois feuilles de salade pour l'accompagner, un carré de Vache qui rit pour la majorité, et pour quelques-uns un morceau de fromage à la coupe ; enfin, une orange en dessert. L'orange, pour certains résidents, c'était leur madeleine de Proust. Quand ils étaient enfants, ils en recevaient parfois une en guise de cadeau de Noël.

Le repas se termina à 19 h 15. La morosité gagna la salle. Ce soir, pas d'embouteillages aux ascenseurs, un silence bruyant pesait sur chacun. Les résidents regagnaient leurs chambres, le regard bas. J'étais triste ; j'aurais tant voulu les emmener tous chez moi afin qu'ils ne se sentent pas si seuls ! J'aurais tant voulu leur offrir un réveillon comme nous en avions savouré un avec Charles. Mais c'était impossible, et j'en avais le cœur lourd.

J'entrai dans la première chambre. Robert était triste. Sa femme et ses enfants lui manquaient. Pendant que je le déshabillai, quelques larmes perlèrent sur ses joues burinées par l'âge. Je tentai de le réconforter.

— Robert, demain, votre épouse vient vous voir, vos enfants aussi, il y a juste une nuit à passer…

— Je sais, ma petite, mais nous faisions de grandes tablées pour la veillée de Noël… Et regarde-moi : ce soir, je suis seul dans cette chambre. Je suis un vieux con !

— Mais non, Robert…

— Si, regarde, je ne suis même plus capable de me déshabiller seul !

— Robert, je suis juste là pour vous accompagner, vous êtes encore très autonome. Votre canne à la main, vous poussez le fauteuil de votre voisin pour qu'il aille en salle de restauration !

— C'est normal, ça, ma petite, il faut toujours savoir aider les autres.

Je l'accompagnai vers son lit, il s'allongea.

— Dis, ma petite, tu pourrais me mettre ma radio sur moi ?

— Oui, bien sûr, mais elle risque de tomber quand vous dormirez.

— On va l'attacher.

J'enlevai la ceinture du pantalon de Robert et l'attachai à la barrière du lit. Robert aurait son poste pour seule compagnie ce soir. Quand je sortis, il m'apostropha :

— Dis, ma petite, si demain, ma femme ne vient pas, tu m'aideras à lui téléphoner ?

— Elle viendra, Robert, ne vous inquiétez pas. Mais au besoin nous l'appellerons ensemble, je vous le promets.

— T'es bien gentille, toi. Tu vas retrouver ta famille ce soir ? Vous ferez une grande fête ?

— Oui, Robert, je vais retrouver ma famille, mais nous ne ferons pas une grande fête. Je travaille demain, je serai là pour m'occuper de vous.

— T'as des enfants, ma petite ?

— Oui, deux. Un garçon et une fille.

— Moi aussi j'ai des enfants, mais il y en a que je ne vois plus. Tu sais, ils n'ont pas apprécié que je divorce et que j'épouse ma femme actuelle.

— Ne vous tourmentez pas, Robert, essayez de dormir pour être bien en forme demain quand tous viendront vous voir, d'accord ?

— Tu seras là demain ?

— Oui, et je viendrai m'occuper de vous, promis.

— Salut, ma petite, à demain alors.

— À demain, Robert, bonne nuit, reposez-vous.

J'avais passé beaucoup de temps avec lui, et j'avais encore du monde à coucher. Et dans chaque chambre où j'irais, la tristesse serait palpable.

*

Je suis rentrée en retard ce soir-là, comme d'habitude. À mon arrivée, la table était mise, le sapin scintillait, les enfants étaient pressés d'ouvrir leurs cadeaux disposés au pied de l'arbre. Des chants de Noël retentirent dans la maison.

J'étais là sans être vraiment là. Il me faudrait un moment pour réaliser que c'était la veillée de Noël ; j'étais rentrée, il allait falloir en profiter.

*

25 décembre, 7 heures. J'arrivai dans l'établissement. La première collègue que je croisai avait mis un serre-tête avec des cornes de renne ; une petite coquetterie qui me fit du bien. J'aurais pu y penser pour égayer cette journée. L'année prochaine. Les transmissions furent encore faites au pas de charge ; une seule infirmière aujourd'hui, nous étions donc autorisées à distribuer les médicaments. C'est une tâche supplémentaire qui ne prend pas vraiment de

temps mais qui s'ajoute tout de même à celles déjà fort nombreuses du matin. Je sortis mes chariots. Troisième jour de bagne. Souffler un grand coup… C'était parti.

Je finirais mes toilettes à l'heure ce matin, mon linge serait descendu à temps, mes poubelles seraient sorties, et tous mes lits seraient faits. Je commençai à apprivoiser mon parcours du combattant, mais j'étais sur les rotules. Je me battais toujours avec certains, je n'oubliais plus la chambre du fond et j'arrivais même à m'occuper de deux résidents en même temps. Tout est question d'organisation, et certes aussi un peu de leur bon vouloir.

Aujourd'hui, les tenues de mes résidents seraient différentes, j'y tenais. Les belles jupes que l'on sort peu seraient dépoussiérées, les jolis caracos mis et les pantalons à pinces enfilés. Ce monsieur, par exemple, avait beau être dans son fauteuil roulant, j'aimais le voir habillé avec son pull noir col roulé et son pantalon en velours bleu marine côtelé. Concours d'élégance aujourd'hui à l'étage !

Depuis 10 heures, des chants de Noël résonnaient dans les couloirs. Enfin… La salle de restauration aussi était différente : la mise en place ressemblait à celle d'un beau restaurant gastronomique ; j'espérais que le contenu des assiettes suivrait le même chemin. Contrairement à la veille, il régnait dans l'établissement une ambiance de fête. Les familles arrivèrent pour déjeuner avec leurs aînés ; des résidents étaient partis en vadrouille fêter Noël au domicile de leurs enfants.

La femme de Robert était là, j'eus droit à un clin d'œil, je souris.

Et puis il y avait ceux qui étaient seuls, ceux qui voyaient les enfants et petits-enfants venir souhaiter un joyeux Noël à Mamie ou Papi, avec un cadeau. Eux n'auraient rien aujourd'hui.

Pourquoi ne pas mettre plus d'ambiance dans cette salle, pourquoi ne pas chanter ? J'étais à la table des aidés quand je commençai à pousser la chansonnette ; au début discrètement, et de plus en plus fort. Du « Minuit chrétien », au « Il est né le divin enfant », Tino Rossi n'avait qu'à bien se tenir, une véritable chorale se mit en ordre de notes. Je crois que l'air qui eut le plus de succès, c'est « Noël blanc ». Les voix montèrent, les sourires apparurent. Les familles aussi chantaient. Je passai pour une extraterrestre auprès de mes collègues serveurs ; le ridicule ne tue pas, et puis rien ne les empêchait de venir se joindre à nous.

C'était la première fois que le repas ne se réduisait pas à des bruits de fourchettes dans les assiettes depuis que j'avais pris mon poste dans l'établissement. Voilà comment je considérais mon métier : être la pierre angulaire du bien-être de nos aînés, et, ce midi, j'avais réussi.

L'après-midi, les résidents seraient placés devant la télévision ; merci aux programmateurs des chaînes de télé, Noël est souvent l'occasion de revoir de vieux films, comme les éternels *Sissi*, ou *Violettes impériales*. Ce jour-là, ils ont regardé, si mes souvenirs sont bons, *La Route fleurie*, avec Georges Guétary. Tous connaissaient les chansons de cette opérette.

L'établissement vivait, même si nos prescriptions de travail étaient les mêmes qu'hier, même si nous courions toujours dans les couloirs ; l'ambiance était familiale, enfin je pouvais prendre le temps de discuter. Robert était heureux. Il s'était isolé avec son épouse, il voulait en profiter, il était très amoureux de cette femme aux cheveux gris et aux yeux si bleus…

Je me suis dit que, au vu du succès des chants en plein repas, il faudrait refaire la même chose de temps en temps ? Par exemple, si je travaillais le 1er janvier, peut-être aimeraient-ils regarder et écouter le concert du Nouvel An retransmis tous les ans depuis Vienne ? Chez ma grand-mère, nous ne manquions jamais cette retransmission qui finissait chaque fois par *La Marche de Radetzky*. Je me pris à rêver. Pourquoi pas, finalement ?

*

Ce soir-là, les couchers ont été moins difficiles, tous avaient passé une bonne journée. Les angoisses de nos aînés seraient moins présentes, beaucoup me parleraient de ce repas de midi en chansons, et je me prendrais à sourire avec certains résidents.

Il était temps de rejoindre mon mari et mes enfants. Je ne les avais pas vus se lever ce matin, il était tard, ils m'attendaient. Mais j'avais, moi aussi, passé un joyeux Noël.

29

Un dimanche de janvier

La nouvelle année débuta comme se termina la précédente : au rez-de-chaussée, de 7 heures à 18 heures cette fois-ci. J'avais commencé à prendre mes marques, je finissais à l'heure, et j'essayais autant que faire se peut de passer du temps avec les résidents. J'avais réussi à mettre en place les toilettes respectant au maximum leur dignité, même si, fondamentalement, j'aurais aimé rester plus longtemps avec eux.

Aujourd'hui, pendant l'heure du repas, je m'occuperais de la table des assistés, ceux qui ont besoin d'aide pour manger, couper les aliments, se servir de l'eau ou du vin. La table des humiliés, en quelque sorte, regroupés au même endroit. Pour des raisons pratiques, certes, mais ils s'en trouvaient stigmatisés.

D'autant que le regard des autonomes n'est pas le même sur plus dépendants qu'eux. Peut-être la crainte un jour de changer de place et de se voir à cette table de la honte.

En plus de couper les aliments, je fis le service. Il faut savoir s'entraider, c'est bien cela, la définition d'une équipe, n'est-ce pas ? L'entraide entre collègues, dans ces établissements, est obligatoire. Par chance, on ne m'avait pas encore demandé de tondre les pelouses ou de planter des fleurs, mais qui sait, il ne faut jamais dire jamais.

Une dizaine de personnes déjeunaient à cette table ; entre celles qui mangeaient mixé, celles qui mangeaient avec leurs doigts, celles qui ne pouvaient pas couper leur viande, et le service à faire, je ne chômai pas. Le temps des repas devrait être un moment d'échange, il devrait y avoir du bruit, or chacun avalait sa ration en silence, peu discutaient. C'était aussi triste qu'un déjeuner de famille où personne ne s'apprécie vraiment, mais se retrouve par obligation.

Dans les assiettes, un morceau de viande en sauce avec une purée qui remplacerait aisément les joints d'une vieille baignoire. La cuillère tient debout dans cet ersatz que je nomme « enduit de pomme de terre ». Quant au mixé servi, sans couleur, sans odeur particulière ni présentation améliorée, il est loin d'être appétissant. J'ai l'impression d'être dans la cantine d'un camp militaire, à la seule différence que la ration est servie par des gens en tenue de serveur et les tables agrémentées de nappes.

Les quantités de nourriture étaient limitées, juste un fond d'assiette, parfois. Certes, nos aînés ont moins d'appétit, mais certains ont gardé un bon coup de fourchette, et je suis persuadée qu'en sortant de table ils ont encore faim. J'en ai même vu mettre dans leur sac ce que leurs camarades de table n'avaient pas mangé. Mais vers 15 heures, ils avaient du gâteau, le même morceau depuis cinq ans.

Le repas terminé, c'était la course à celui qui retournerait dans sa chambre en premier. C'étaient les doigts qui se levaient tous en même temps pour réclamer son déambulateur ; c'étaient des voix qui vous interpellaient pour vous demander de les remonter en chambre. C'étaient les plus autonomes qui couraient vers les ascenseurs…

Cette salle de restauration, qui finalement était si calme, devenait soudain une fourmilière. On se serait cru sur les autoroutes du sud de la France un week-end de chassé-croisé entre juilletistes et aoûtiens, avec les mêmes embouteillages, voire les mêmes disputes !

C'est alors que le personnel doit user de toute sa ruse pour que tout le monde regagne sa chambre : car arriver à faire entrer deux fauteuils roulants et un déambulateur dans un ascenseur, c'est faisable. Si en plus vous êtes parvenue à ce que tout ce petit monde descende au même étage, bingo ; sinon il faut les ranger par ordre d'arrêt. Un véritable jeu de Tetris…

Il ne faut pas oublier de conserver un peu d'espace pour soi car ils ne montent pas seuls. Coincée entre la roue d'un fauteuil et la poignée d'un déambulateur, mon fessier était souvent bien maltraité.

Ce jeu d'arcade grandeur nature se produisait donc deux fois par jour et se passait relativement bien, au final. Sauf quand Arlette se trouvait dans les parages. Arlette, sa passion, c'était l'ascenseur. Toute la journée, elle se promenait entre les étages et appuyait sur tous les boutons. Sa petite manie n'était pas si dérangeante en journée, mais aux moments critiques, c'était plus problématique. Quand, après plusieurs tentatives, l'ascenseur arrivait enfin, deux possibilités : soit Arlette descendait et, comme sur l'autoroute, prenait la voie à contresens au milieu des résidents impatients ; soit elle avait déjà appuyé sur les boutons et, le temps que la porte s'ouvre, était déjà repartie. Tout le monde râlait, bien sûr. Mais Arlette, elle, s'en fichait et n'en faisait qu'à sa tête.

*

Aujourd'hui, c'était à moi d'animer la cession d'activité de l'après-midi qui débutait à 15 heures. 14 h 45, tout le monde ayant regagné sa chambre, seuls redescendaient ceux qui, autonomes, souhaitaient participer à l'animation. Je devais ensuite faire le tour des chambres pour demander aux autres s'ils souhaitaient venir. Direction l'ascenseur. Encore une fois. Les néophytes se demanderont sûrement à quoi sert de remonter les gens dans leur chambre si une heure après il faut les redescendre. Tout simplement pour leur permettre d'aller aux toilettes et de changer leurs protections.

15 h 15. L'assistance était enfin installée. Dans la salle à manger trônait le piano d'une résidente. J'avais annoncé un après-midi musique, et donc je m'apprêtais à leur jouer quelques morceaux. Ce n'était pas du travail, mais du plaisir, autant pour eux que pour moi. Alors que je jouais un nocturne de Chopin, M. Lamotte se mit à pleurer à chaudes larmes. Gênée, je stoppai le morceau et m'approchai de lui. Visiblement, la musique lui rappelait des souvenirs, l'émotion que j'avais à jouer se transmettait. Mais il souhaita que je continue.

Les morceaux s'enchaînèrent ; certains aînés fredonnaient. Même si le classique avait encore beaucoup de succès, les morceaux chantés leur permettaient d'être acteurs et non plus seulement spectateurs. « Le Temps des cerises », « Volare », « Les copains d'abord », même un « Alléluia »… Yann Tiersen n'eut pas beaucoup de succès, Elton John encore moins. Je revins donc à du classique, l'*Adagio d'Albinoni*, que certains connaissaient et entonnèrent. Micheline me demanda la « Lettre à Élise », que j'entrepris, et les chants fusèrent. Mais les chariots des goûters arrivaient déjà, et j'allais devoir les servir.

Les regards posés sur la part de gâteau montraient toute la lassitude des résidents devant la monotonie de ce qui leur était apporté. Chocolat chaud, thé, café ou sirop à l'eau. Penser à donner les yaourts fortifiants à ceux qui en avaient besoin. Je m'attardai à faire manger ceux qui ne se nourrissaient plus seuls tandis que les autres, qui avaient déjà terminé leur collation, ne comprenaient pas pourquoi la musique ne reprenait pas.

Vint le temps de débarrasser les tables et de faire la vaisselle. Car oui, j'étais de corvée de vaisselle, comme mes autres collègues dans les étages supérieurs.

Il était 16 h 30, la musique n'avait toujours pas repris. Déjà les collègues arrivaient et emmenaient certains résidents pour les mettre en pyjama. La salle se vidait. Seuls les autonomes restaient, acteurs privilégiés des prochains morceaux que je jouerais.

17 h 15, rangement de la salle pour dresser les tables en vue du dîner. J'avais passé pour la première fois un merveilleux après-midi. J'avais vu des sourires, entendu des voix qui s'élevaient, des personnes âgées réjouies. Dorénavant, je serais la « musicienne » ; c'est du moins ainsi que certains me nommeraient. Ce surnom me plut : si la musique pouvait leur permettre de me voir autrement que comme celle qui chaque jour les voyait nus, je serais heureuse.

17 h 45. Il était l'heure d'effectuer mes transmissions et de signer mes soins. Est-ce que j'ai donné une douche, est-ce que la prise de médicament du matin a bien été faite, etc. C'était aussi l'occasion de mettre des

observations que je jugeais importantes. Aujourd'hui, rien à signaler.

En fait, si, j'avais bien quelque chose à signaler, mais je ne le marquerais pas : j'étais là depuis 7 heures, il était 18 h 10, et je n'avais pas eu le temps de prendre ma pause.

30

L'aile droite

Cela faisait maintenant quelques semaines que j'étais dans l'établissement ; je commençais à prendre mes marques. Je ne connaissais pas encore le nom de tous les résidents. Mais j'avais enfin mis les pieds dans les autres étages.

Le premier n'était qu'un long couloir, qui donnait l'impression d'être entre le hall 1 et le hall 2 de la gare de Lyon, à Paris ; à la seule différence qu'il y avait des portes sur les côtés. Les rituels du matin restaient les mêmes qu'au rez-de-chaussée : sortir les chariots, faire les toilettes, regarder sa montre. J'aimais bien être dans l'aile droite, j'ignore pourquoi. Peut-être parce que j'arrivais à avoir plus d'échanges avec les résidents de ce côté-ci du couloir. Et puis, il y avait Georgette, la reine de la chanson. Cette gentille dame était toujours de bonne humeur et chantait du matin au soir, et bien sûr durant la toilette. Elle m'appelait son Opaline ; non qu'elle ne se souvenait pas de mon nom, il était inscrit sur ma blouse. Mais en moins gros que celui de l'établissement…

Il y avait aussi Serge, Christiane et Arlette la voyageuse.

Les couloirs se réveillaient, les yeux étaient parfois difficiles à ouvrir, les articulations à dérouiller, les protections étaient pleines, et parfois les lits trempés.

La course contre la montre était lancée : chariots à vider, poubelles à sortir, et les bacs de linge pleins à craquer.

Combien de toilettes, ce matin, une dizaine ? Bien plus ! Nous étions encore en sous-effectif, et aucune remplaçante ne viendrait nous épauler. Alors pas question de donner les douches aujourd'hui, sauf cas de force majeure. Qu'est-ce, un cas de force majeure, quand il s'agit de personnes âgées dépendantes pour la plupart ?

Ce matin, combien de chevelures ne seraient pas lavées, combien de dents pas nettoyées !... Le temps me manquait, il fallait prioriser les soins. Quinze, seize toilettes en quatre heures ; mes prescriptions de travail étaient telles que j'allais encore culpabiliser.

J'appris une nouvelle règle, celle des trois F : figure, fesses, fauteuil. Cette règle est la définition même de la prise en soin que l'on nous impose, sans prendre en compte l'humain ni la dignité. Je travaillais en mode dégradé, c'était récurrent. Le sous-effectif est une pathologie contre laquelle aucun traitement n'a été trouvé.

La matinée s'était passée, la course dans les couloirs ne se stopperait que vers midi. Et encore !

*

Pour le déjeuner, j'ai été affectée au club. Pas un club de bridge au décor cosy, pas un club de jazz à l'ambiance joyeuse, non. C'est un espace avec des tables et des chaises, avec au mur une télévision, et un coin cuisine avec évier et micro-ondes, au milieu du couloir. Souvenez-vous : il y a la table des résidents à accompagner dans la prise des repas ; ce sont les personnes âgées encore plus dépendantes qui sont au club, celles que l'on cache pour ne pas gâcher la vitrine. En effet, il arrive que des familles partagent le repas avec leurs parents dans la salle de restauration ; avoir en face d'elles une dame hémiplégique, qui bave quand vous lui donnez la becquée, une autre avec sa poche à uriner bien visible à côté d'elle, couperait probablement l'appétit de ces invités de marque... Cette dépendance-là, qui veut la voir ? Ces résidents ne sourient pas, ou pas vraiment, ne tiennent pas de propos cohérents, ne marchent pas seuls, n'ont pas de belles dents. Cette dépendance est laide, elle fait peur, elle terrifie. Alors le club, ce sont ceux que l'on ne veut pas montrer. Et que l'on ne descendra pas forcément aux animations.

Ce midi-là ils étaient onze, pratiquement tous en fauteuil roulant avec handicap. Sur onze, cinq auxquels il fallait donner à manger comme à des bébés, et six à surveiller et à aider au besoin.

Je devais récupérer deux chariots : celui isotherme avec leur nourriture dédiée et celui où sont rangés la vaisselle sale et les médicaments. Avant de remonter, bien vérifier si le cuisinier sait compter jusqu'à onze. Parce que, une fois en haut, plus le temps de redescendre chercher une assiette, un plat ou quoi que ce soit d'autre. Au marqueur blanc, il était stipulé à même le chariot qu'il devrait être « redescendu à 13 h 15 pour le midi et 19 h 15 pour le soir ».

Je pestais régulièrement contre ce chariot de distribution de repas, j'avais l'impression de pousser un réfrigérateur : pas de poignée, de minuscules roulettes, et aucune prise pour le diriger. Plus haut que moi, je conduisais à vue la pile d'assiettes que j'entendais claquer les unes contre les autres sans les voir, le pichet de vin tempétueux. Arrivée devant l'ascenseur, j'attendis. Certains résidents l'empruntaient encore, je patientai. Finalement, le moment de la bagarre arriva.

En effet, passer le seuil de l'ascenseur nécessite de soulever un peu le chariot, qui fait son poids. Sans cette manœuvre, les roulettes se bloquent dans ses rails. Une fois à l'intérieur, je me retrouvai au second, où des résidents voulaient descendre. Mais comme je prenais toute la place avec mes deux engins, ils s'inclinèrent. À l'étage souhaité, deuxième bagarre. Sortir l'engin sans renverser le vin, sans que les assiettes tombent. Je me dépêchai : il était 12 h 15, dans une heure, les deux chariots devraient être redescendus, sous peine d'essuyer les remarques de ceux ou celles qui faisaient la plonge.

Aidée d'une collègue, je commençai à donner la becquée, assise entre deux résidents, une cuillère dans chaque main. Le chronomètre était lancé. Attendre qu'ils déglutissent était la moindre des choses, mais le temps filait, le temps courait. Étais-je une aide médico-psychologique ou une éleveuse de canards ? La question peut paraître saugrenue, mais à cet instant précis, n'étais-je pas en train de faire du gavage ? Avaient-ils le temps de prendre plaisir à manger ? Le repas – qui devrait être un moment de convivialité – est en fait une course contre la montre. Et cette dame qui n'arrivait pas à avaler, qui mâchait du mixé avec ses gencives, qui ne parlait pas, bavait et recrachait chaque cuillerée, qu'en penser ? Qu'elle n'avait pas faim ? Ce serait la solution de facilité. Qu'elle n'aimait pas ? Plus probable.

En guise de fromage, toujours et encore ces éternels triangles de Vache qui rit. En manger sans pain, à la cuillère, ce doit être un peu écœurant, à la longue…

Mais lorsque je servis le dessert, stupéfaction ! Des poires ! Non seulement il faudrait les éplucher, mais elles étaient aussi dures que des morceaux de bois. Comment les manger lorsqu'on n'a plus de dents ? Ma collègue et moi tentâmes de les écraser, mais les fourchettes rendirent l'âme. Nous n'avions plus beaucoup de solutions : compotes, pour tout le monde, les mêmes depuis des années.

L'œil sur la pendule. Il était déjà 13 h 13. L'une de nous se dévoua pour descendre le chariot qui devrait être en bas deux minutes plus tard, l'autre continuerait la distribution. Nous prendrions du retard sur les changes de 14 heures, mais peu importe, le retard est une notion si vague et si abstraite que nous en avions perdu toute définition concrète.

Le repas terminé, c'était le retour des embouteillages dans les couloirs. Entre déambulateurs et fauteuils roulants qui n'avançaient pas, il fallait slalomer.

— Madame, vous pouvez m'aider s'il vous plaît à faire avancer mon fauteuil, je suis fatiguée, me demanda une résidente tandis que j'en poussais déjà un.

— Je ne peux pas, je suis désolée, vous n'êtes plus très loin de votre chambre, encore un léger effort.

C'est alors qu'elle se mit à pleurer. Si je lui disais de m'attendre, elle bloquerait les couloirs. Je garai donc ma résidente, j'aidai l'autre dame et je la conduisis jusqu'à sa chambre.

— Oh merci, vous êtes gentille… je voudrais aller aux toilettes, vous pouvez m'aider ?

Je bouillonnais intérieurement. Mais impossible pour moi de refuser. Je calai le fauteuil contre la barre de sécurité des toilettes, la levai, baissai le slip filet, j'enlevai la protection que je jetai, et je l'accompagnai dans sa rotation. Je n'avais en revanche pas le temps d'attendre qu'elle ait terminé, mon autre dame était toujours garée dans un coin du couloir et elle avait besoin d'être changée et couchée, elle était fatiguée.

— Je vais m'occuper de la dame, et je reviens, vous ne bougez pas, vous m'attendez, d'accord ?

— Oui, d'accord, vous êtes gentille.

Un sourire, et je me sauvai. Non, je ne suis pas gentille, j'ai juste pris sur moi pour ne pas m'énerver, mais au fond j'étais furieuse. D'être obligée de m'occuper de deux personnes à la fois, de ne pas pouvoir faire mon travail correctement.

Mon téléphone sonna. Chambre 200. La dame avait terminé de se soulager. Ma collègue et moi – la résidente avait si mal partout qu'il valait mieux être deux – avions bientôt fini avec la résidente dépendante et mon téléphone sonna de nouveau. Elle s'impatientait.

— J'ai terminé, j'ai fait caca, me dit en ces termes la dame que je trouvais comme je l'avais laissée.

— Je vais vous nettoyer. On prend la barre, on se lève ?

— J'ai mal aux genoux.

— Je vais me dépêcher, promis ; pour que vous ne soyez pas trop longtemps debout.

Mais ce n'est pas vraiment ce qu'il s'est passé : la dame en avait partout, sur elle, sur ses vêtements. Partout.

Mon téléphone sonna encore. Chambre 205. La personne attendrait.

Lorsque j'expliquai à la dame que je devais la laver, elle se mit à pleurer. De honte. Je pris ses mains pour la réconforter et filai chercher un slip filet dans le chariot, en croisant les doigts pour qu'il reste sa taille.

À mon retour, la dame pleurait toujours. Je me mis alors à son niveau, accroupie devant elle. Mes mains dans les siennes, nous nous sommes regardées.

— Angèle, il n'y a rien de grave, ça peut arriver, vous allez m'aider, et ni vu ni connu.

— Je suis vieille, ma petite, tu sais.

— Oui, je sais, Angèle, c'est pourquoi vous devez avoir plein d'histoires à raconter. Vous savez ce que l'on va faire ? Pendant que je fais votre toilette, vous me parlez de vous, d'accord ?

— Oh, ma petite, moi, tu sais, j'attends de mourir.

— Et vos enfants, Angèle ? S'ils vous entendaient, que diraient-ils ?

— Oh, ils sont grands, mes enfants.

— Ce n'est pas une raison, ils passent vous voir, ils ont encore besoin de vous.

Rien n'y faisait, elle continuait de pleurer. Alors je fis un geste interdit : je la pris dans mes bras. Oui, j'étais en train de réconforter une vieille dame à moitié nue et assise sur les toilettes ; c'est aussi cela, mon métier. Et je recommencerais encore et encore.

Les pleurs se sont calmés.

J'ai fait sa toilette aussi doucement et rapidement que j'ai pu. Doucement et rapidement, n'est-ce pas une association surprenante ? Rapidité et délicatesse sont-elles compatibles ? Je ne sais pas, mais j'essayais en tout cas de m'y astreindre. J'installai la protection en remontant le slip filet. Mon téléphone sonna. Chambre 207. Je remontai la jupe, afin de la mettre en place, j'agrippai le fauteuil, et je donnai une légère impulsion à Angèle pour qu'elle se redresse l'espace de quelques secondes afin de positionner le fauteuil. Elle se laissa tomber dedans.

— Que ça fait du bien de s'asseoir.

— Vous voyez, cela n'a pas pris longtemps. Je vous installe dans votre gros fauteuil pour la sieste ?

— Oui, vous êtes gentille.

J'enlevai mes gants, direction le fauteuil crapaud coincé entre la fenêtre et le lit. Là, dilemme : soit c'était le fauteuil roulant qui passait, soit c'était moi. Il allait pourtant bien falloir que j'accompagne Angèle dans sa rotation. Là aussi, parfois je bouillonnais : mais qui a pensé à l'agencement des chambres ?

Approcher au maximum le fauteuil roulant près de l'autre, en laissant tout de même à Angèle la place de se tourner sans qu'elle se prenne les pieds dans les pédales ; pour cela, se mettre en face d'Angèle et, à reculons, faire avancer le fauteuil dans ce minuscule couloir. Assez vite, se positionner sur le côté pour que la résidente soit au plus près du crapaud. Lui donner une impulsion pour qu'elle se lève et accompagner sa rotation en la maintenant. Avec de la chance, vous resterez debout si elle ne se laisse pas trop tomber dans l'objet suscité.

La praticabilité dans un EHPAD est une notion subsidiaire à laquelle les directeurs pensent rarement pour améliorer le travail des soignants et le bien-être des résidents.

Mon téléphone sonna encore. Chambre 218. Trois chambres qui avaient besoin de quelque chose, et déjà une demi-heure que j'étais avec Angèle. Ma journée s'achevait à 15 h 30, il était 14 h 45. Avec un sourire, après m'être assurée qu'elle ne manquerait de rien, je lui souhaitai un bon après-midi et pris congé.

Au moment où je passai la porte, je croisai ma responsable, perchée sur ses talons hauts et ultramaquillée.

— Anne-Sophie, on ne sort pas des chambres avec des gants.

Vivement 15 h 30…

31

Concours de tricot

Au rez-de-chaussée vivait Fantine. Grande, les cheveux blancs coupés au carré, elle était complètement autonome. Elle se promenait régulièrement dans les couloirs. Sa passion, le tricot. Parfois, il arrivait que je retrouve une aiguille quelque part. Il n'y avait qu'une personne qui pouvait l'avoir perdue. Les après-midi, elle s'asseyait sur le canapé vers l'entrée et elle tricotait. Elle ne tricotait pas des vêtements, mais de petits carrés de laine, qu'ensuite elle cousait ensemble, faisant ainsi une couverture qu'elle donnerait aux associations pour que les SDF aient quelque chose de chaud quand ils dormiraient dehors en plein hiver.

Elle était rarement de mauvaise humeur et toujours partante pour les animations pliage de serviettes ou l'épluchage de pommes de terre. Je ne l'ai jamais vue à une activité qui ne serait pas utile à l'établissement. Elle avait ce besoin de se rendre indispensable, Fantine. Elle vivait dans l'établissement depuis des années. Elle n'avait pas de famille qui venait la voir et était sous tutelle. Elle n'avait plus de biens, elle avait vendu sa maison pour pouvoir se payer un EHPAD, où probablement elle devait se sentir moins seule que chez elle. Il ne lui restait que quelques meubles en souvenir de sa vie passée.

Elle ne supportait pas la douche ; de son temps, la douche était un luxe, elle n'en voulait pas. Certains résidents l'évitaient, les bourgeoises, en particulier, qui la trouvaient négligée. Mais elle se moquait de tous ces quolibets, elle était « nature », comme on dit, et parlait avec tous ceux qui voulaient bien engager la conversation.

Parfois, elle perdait la clef de sa chambre ; on la voyait chercher partout. Elle la retrouvait généralement entre ses pelotes de laine. Je l'aimais bien, Fantine ; elle avait le don de vous remettre le sourire aux lèvres quand vous n'étiez pas bien. Qu'avait-elle fait dans sa vie ? Je suis incapable de le dire, elle restait discrète. Je ne l'imaginais pas avoir eu un travail à responsabilités, je la pensais plutôt ouvrière. C'est du moins ce que me laissait croire son sens de l'humain et de l'aide à l'autre si ancré en elle.

Non pas que je considère généralement que les personnes âgées ayant occupé jadis des postes à responsabilités aient moins d'humanité que celles qui ont été ouvrières, par exemple, mais tout de même, dans l'établissement, il y avait une fracture entre ceux qui avaient mis les mains dans le cambouis et les autres. Leurs besoins, leurs demandes étaient différents. Leur patience aussi. Il y avait également le camp des femmes qui n'avaient jamais occupé de poste salarié et qui avaient élevé leurs enfants en attendant que leurs maris rapportent la paie. Elles étaient un mix des deux autres catégories, à la fois bourgeoises et aidantes.

Mais revenons à Fantine.

Un jour, le psychologue des lieux lui annonça qu'elle n'avait plus les moyens de payer l'établissement et qu'elle allait devoir envisager un autre mode d'hébergement. Fantine ne pouvait l'accepter ; elle voulait rester ici, elle y avait ses habitudes, ses repères, ses quelques connaissances.

Elle s'y opposa donc formellement. Elle menaça de fuguer, de se suicider s'il le fallait. L'affaire sembla donc en rester là.

Les jours, les semaines passèrent. Un autre jour, le même psychologue, en passant par un couloir où il était sûr de croiser Fantine, la stoppa. Voilà que la discussion s'engageait. Il l'avait inscrite à un concours de tricot qui aurait lieu deux jours plus tard ! N'était-ce pas merveilleux ? Elle, la Pénélope de l'EHPAD, se sentit valorisée, revigorée, et le tricot, elle s'y connaissait. Elle gagnerait.

*

Le jour J est enfin arrivé, Fantine était prête ; dans son sac, des pelotes de laine, des aiguilles, des culottes au cas où il y aurait un petit souci. Un taxi l'attendait devant l'établissement. Quel luxe ! Elle dit « à ce soir » avec fierté à ses copains résidents et partit vers le lieu du concours.

Sauf que, ce jour-là, là-bas il n'y avait pas de concours de tricot. Elle avait simplement été virée. Elle se retrouvait seule avec son petit sac, ses pelotes et trois culottes dans un nouvel EHPAD dont elle ignorait tout. Ses meubles suivraient le lendemain par camion. Je n'ose imaginer le choc pour elle. C'en fut également un pour nous : les soignants n'avaient pas été informés de cette décision. Tout avait été organisé en petit comité.

Nous étions pourtant en période de trêve hivernale. La chambre des résidents dans un EHPAD privé à but lucratif est un endroit privé, un peu comme un logement loué à des locataires qui paient leur loyer. Mais en l'occurence, pas de trêve hivernale, pas d'avis d'expulsion par un magistrat. Les juges sont ceux qui décident. Fantine n'allait pas se retourner contre eux, elle était trop seule. Et l'EHPAD qui l'accueillait, était-il complice de la supercherie ? Non, il ne l'était pas. Mais comment faire machine arrière une fois le pot aux roses découvert ? Impossible.

Tout ne se résume donc qu'à l'argent ? Comment une telle situation peut-elle advenir ?

Parce que ces aînés sous tutelle, sous curatelle renforcée, finalement peu importe le terme, ne sont plus considérés comme faisant partie intégrante de la cité, parce qu'on leur a volé et leurs biens et leurs vies, parce qu'aux yeux de chacun ils n'existent même plus tant les regards que l'on porte sur eux ne sont que des zéros qui s'alignent sur des chèques.

Fantine avait toute sa tête, elle n'avait juste plus assez d'argent pour se payer un EHPAD privé à but lucratif où elle se sentait bien, où elle ne dérangeait personne.

Après cette mascarade, je n'oublierai jamais que je travaille pour des actionnaires, pas pour des philanthropes.

32

La douche

Définition : moment rarement offert aux résidents.

Les douches sont un soin de la vie quotidienne, chacun de nous en prend généralement au moins une chaque jour. Dans mon établissement, il existait un protocole de douches, à l'image de ceux de soins et du nombre de changes mis par jour, qui déterminait qui était douché quel jour : ce monsieur, c'était le mercredi et le dimanche par exemple, cette dame, le jeudi, etc. Tout était programmé, et aucune dérogation possible. Que la personne ait transpiré ou non, qu'elle ait juste besoin de se délasser sous les jets, si ce n'était pas le jour, c'était non. C'est cela aussi, la hiérarchisation des soins.

*

Nous étions en sous-effectif depuis longtemps, les douches n'avaient pas été données depuis quelques semaines. La culpabilité nous rongeait, mais comment faire ? Quand vous avez plus de dix, onze, douze toilettes à assumer, seul l'essentiel est traité. L'intime. Les cheveux sont subsidiaires, pour nos directeurs.

Ce jour-là, débordées, comme d'habitude, mes collègues ont fait ce qu'elles ont pu. La directrice en pleine réunion leur avait clairement expliqué que la prochaine fois que le cas se présenterait, il faudrait faire la toilette des gens qui avaient de la famille en visite, parce que celle-ci pourrait s'offusquer de voir ses parents encore alités à midi. Elle comprendrait alors que les résidents baignent dans leurs changes depuis la veille. Il faudrait donc privilégier certains au détriment d'autres. Les sans-famille n'avaient donc pas le droit au même traitement ?

Les familles n'étaient pas dupes mais n'osaient vraiment s'exprimer, sous peine de s'entendre dire : « Mais si vous n'êtes pas satisfait, trouvez un autre établissement. »

C'était la réponse facile, il y a tant de proches dans le désarroi qui ne trouvent pas de place pour leurs aînés.

Ce jour-là, donc, une fille rendant visite à sa maman observa que les cheveux de celle-ci n'avaient pas croisé de shampoing depuis longtemps. Ils tenaient presque en l'air sans gel. En fait, cela faisait environ trois semaines que les douches n'avaient pas été données. Pourquoi ? Pas assez de personnel. La fille descendit donc voir la directrice pour obtenir des explications. Celle-ci lui répondit que, en effet, l'établissement était en sous-effectif et qu'il fonctionnait en mode dégradé. Mais qu'elle pouvait tout à fait prendre rendez-vous pour sa maman chez la coiffeuse qui venait toutes les semaines à l'EHPAD, payante évidemment.

Est-ce aux résidents de pallier les dysfonctionnements de l'établissement ? Les douches sont de la responsabilité des soignants ; si la direction faisait son travail, dès que le sous-effectif est acté, il devrait être comblé.

Ce manque de volonté de remplacer le personnel absent a pour conséquences des soins minimes, une dignité assassinée sur l'autel de la rentabilité, et des soignants qui s'épuisent tant physiquement que moralement.

Les plaquettes de promotion de nos établissements privés à but lucratif sont attractives, chaque lieu met le paquet sur la communication, mais quand il s'agit de remplacer des soignants absents… Je me demande même parfois si cette situation ne les arrange pas. Moins de soignants, c'est moins de salaires à payer, donc plus de dividendes pour les actionnaires.

Dans notre pays, nous sommes beaucoup plus touchés par la cause animale que par la vieillesse. Chacun s'offusque, moi la première, des mauvais traitements infligés à ces pauvres bêtes qui ne sont que le défouloir de déglingués du cerveau. On est abasourdis par les vidéos de L214 sur les traitements des animaux dans les abattoirs, nous ne pouvons rester insensibles à cette maltraitance gratuite. Mais quand des associations viendront-elles filmer incognito au cœur des EHPAD ? Quand y aura-t-il des L214 dans nos établissements afin d'en dénoncer les conditions d'accueil ?

Pour réglementer la cause animale, nos dirigeants promulguent des lois. Ainsi, nos amis les animaux ne sont plus considérés comme des bibelots qui décorent la maison. Mais qu'en est-il de nos aînés ? Des lois existent, pourquoi ne sont-elles pas respectées ? Qui s'offusque aujourd'hui du mode de fonctionnement des EHPAD ? Faut-il que nos aînés soient attachés à un arbre sur une aire d'autoroute par une famille qui part en vacances pour que les consciences se réveillent ? La vieillesse est le reflet de notre dégénérescence future, malheureusement l'« âgisme » règne. On court après le temps et la jeunesse éternelle, mais aujourd'hui, à cinquante ans, sur le marché du travail, vous êtes mis au rebut. Les savoirs ne se transmettent plus, ne se partagent plus, ils se périment.

La vieillesse fait peur, elle inquiète. Qui veut voir son reflet dans trente ou quarante ans ? Personne. Comme si devenir vieux et dépendant était contagieux.

Aujourd'hui, il existe la Société protectrice des animaux, et tant mieux. À quand une Société protectrice de l'homme âgé ?

33

Les stagiaires

Définition : personnel gratuit généralement jeune, taillable et corvéable à merci.

Il n'est pas rare que dans l'établissement nous recevions des stagiaires. Ce sont souvent des jeunes filles mineures qui préparent le bac « accompagnement, service et soins à la personne », et que nous devons épauler. Elles ont l'obligation de faire un stage dans un EHPAD. Je ne suis pas certaine que ce soit la meilleure façon de leur donner envie de continuer… Il m'est arrivé de superviser deux stagiaires, pas en même temps heureusement. Deux jeunes filles utopistes, pleines de rêves et d'enthousiasme. Pour ne pas les dégoûter du métier d'aide-soignante avant même qu'elles aient commencé, il m'a fallu sourire plus que j'en avais envie, m'armer d'un langage positif et essayer de ne pas courir dans les couloirs.

*

Le premier jour, j'ai eu Jessica avec moi. Par chance, je n'étais pas en charge du rez-de-chaussée, sinon la tâche que je m'étais fixée d'être souriante pour vanter les belles valeurs de mon métier aurait été bien mal engagée.

Nous étions au premier étage, que j'aime bien, j'allais pouvoir transmettre mon enthousiasme. Jessica n'avait pas le droit de faire des toilettes, mais elle était prévenante et faisait les lits. Je me dis pourtant que si ses trois semaines de stage n'étaient réduites qu'à cette activité, elle allait vite s'ennuyer. J'ai aussi été stagiaire, et je me suis toujours promis que je ne ferais pas subir à d'autres ce que j'avais subi. Je lui proposai donc de faire, sous surveillance, une toilette simple à une dame autonome qui se tiendrait au lavabo. Elle était un peu apeurée, non pas que la vision de la nudité l'effrayât, mais elle craignait de mal s'y prendre. Je lui expliquai donc pourquoi utiliser deux gants de toilette, deux serviettes, lui rappelai de mettre ses gants en latex. La jeune stagiaire se débrouilla très bien ; elle habilla la dame, la coiffa, et la raccompagna vers sa table. Tout s'était bien passé, Jessica était contente. Comme je ne considère pas les stagiaires comme de la main-d'œuvre corvéable, je fis le lit. C'était aussi une façon de lui montrer que nous étions sur un pied d'égalité au niveau des tâches à effectuer, ingrates ou non.

Rien n'est finalement ingrat dans mon travail. N'en déplaise à ceux qui m'étiquettent « torche-cul de petits vieux ». Combien de fois l'ai-je entendue, cette expression sur mon métier... Souvent je réponds bêtement : « Tu seras bien content ou contente d'avoir des gens comme moi qui viendront te torcher le cul au moment de ta vie où tu seras vieux, incontinent et dépendant. » Généralement, la discussion en reste là (spéciale dédicace à ma génitrice).

Mais revenons à Jessica. Elle se donnait, suivait le rythme soutenu que je lui imposais. Elle allait maintenant m'aider à faire les toilettes alitées, ce serait plus simple pour moi pour les mobilisations. D'elle-même, elle préparait la bassine, les deux gants, les deux serviettes et le savon. Les résidents avaient l'air de l'apprécier, elle était discrète, elle s'intéressait à eux. À tel point que, ce matin-là, les toilettes furent terminées en avance. Que faire ? J'aurais pu aller voir mes collègues et leur proposer notre aide. L'idée m'a traversé l'esprit. Mais l'avaient-elles jamais fait pour moi ? Je décidai d'emmener Jessica savourer une pause de cinq minutes, avant, ensuite, d'aller voir les autres.

En remontant dans les étages, je vis qu'une collègue était dans « le jus ». Il lui restait beaucoup de toilettes. Une ou deux de plus, ce n'est pas un drame, nous avons alors pris la décision de l'aider. Et c'était l'occasion, pour une fois, de respecter le calendrier des douches. Jessica me demanda si elle pouvait la donner à cette dame ; aucun problème pour nous. Elle avait compris le système du nombre de protections et alla chercher les changes dans le chariot. Slip filet, quelle taille ? Elle se prit pour référence en comparant les culottes à son bassin ; je souris : pour cette dame, c'était du double XL.

Nous sommes retournées dans la chambre. Jessica commença à la déshabiller, en ayant préparé aussi les vêtements qu'elle allait lui mettre. Soudain, elle leva les yeux vers moi.

— Je crois que j'ai oublié quelque chose.

— Ah bon, et quoi donc ?

— Des gants en latex.

Je souris de nouveau et sortis de ma poche une paire à sa taille.

— Merci beaucoup.

— Ne t'inquiète pas, ça viendra.

La douche se passa bien. Je lui rappelai de bien essuyer les plis afin qu'aucune mycose ne vienne allégrement coloniser la peau de ses résidents.

Toute la journée s'est déroulée ainsi. Avant de partir, Jessica m'a remerciée. Je fus assez surprise ; personne, à part les résidents, ne m'avait jamais remerciée de quoi que ce soit, dans cet établissement.

*

Les jours passaient, et Jessica prenait de plus en plus d'assurance. Elle commençait aussi à voir les failles du système. Malgré mon discours résolument positif, elle n'était pas dupe. Elle voyait bien que certaines fois nous n'avions pas le temps d'accomplir notre travail correctement. Je trouvais toujours quelques arguments spécieux pour lui prouver le contraire, mais au fond elle n'avait pas tort.

Le moindre aléa, le moindre grain de sable vient bloquer la machine, et ce sont les résidents qui en pâtissent. Si les grains de sable s'accumulent dans une journée, et que c'est la dune du Pilat que nous avons en face de nous, il est évident que les horaires de travail ne seront pas respectés et que les heures supplémentaires non payées vont s'accumuler.

Arriva le jour que je redoutais. Jessica était dans l'établissement depuis deux semaines et demie. Comme il manquait du personnel, la direction avait décidé de l'envoyer seule se substituer au personnel absent de l'étage. C'est illégal : elle ferait des toilettes, serait dans l'obligation de se servir du matériel sans aucune surveillance. Ce jour-là, Jessica viendrait me voir très souvent pour me demander de l'aide. Je finis par lui dire de s'occuper d'abord des toilettes simples, nous ferions les lourdes à deux.

Quand je la retrouvais, elle était en nage, elle n'en pouvait plus. Elle s'est effondrée sur une chaise, en pleurs.

— Non mais tu te rends compte ! me dit-elle, visiblement en colère. On me met sur un étage comme si j'étais du personnel, j'ai encore à apprendre !

— Jessica, tu t'es très bien débrouillée, allez, viens, on va continuer ensemble, on va y arriver.

— Je suis dégoûtée !

— Mais non, ma grande, ne t'inquiète pas, tout va bien.

Une fois ses larmes séchées, nous avons commencé les toilettes lourdes. Ce que je voulais au maximum éviter était donc arrivé. Non par ma faute, mais par celle d'une direction qui n'avait rien trouvé de mieux que de l'envoyer seule dans un étage.

Pour son dernier jour, nous avons demandé à notre directrice de faire un geste vis-à-vis de Jessica. Elle est ressortie du bureau avec un panier garni. Les restes de Noël. Nous avions espéré des chèques cadeaux pour qu'elle se fasse plaisir : raté.

Lorsqu'elle est venue me dire au revoir, j'ai eu de la peine de la voir partir, mais c'est ainsi. Elle a égayé mon travail par sa jeunesse et par ses sourires – si rares sur le visage des soignants de nos jours.

*

Quelque temps plus tard, j'aurais une autre stagiaire, mais elle, on la perdra : après son bac, elle a préféré changer de voie. Je me souviens que, manquant de temps, j'ai rempli son dossier, assise par terre pendant qu'elle douchait une dame, pour que je puisse la surveiller. Je ne pouvais pas lui mettre de mauvaises appréciations ; d'abord parce qu'elle ne les méritait pas, ensuite parce que je n'avais pas véritablement pu m'occuper d'elle comme je l'aurais souhaité.

Mes collègues ont quant à elles eu la lourde tâche d'apprendre le métier à une personne en réinsertion professionnelle. Ce cursus est plus difficile : en effet, dans ce cas, pas de rapport à remplir, la stagiaire est jugée par un professionnel qui se déplace un jour déterminé à l'avance pour une mise en situation professionnelle. La dame en question n'a pas réussi cette évaluation. Pas parce qu'elle n'était pas compétente, non ; simplement parce que personne n'a eu le temps de lui montrer tous les gestes à effectuer, ceux que l'on vous apprend à l'école.

Tous ces gestes essentiels que même nous, soignants diplômés, n'arrivons plus à faire.

34

Escarres

Dans un EHPAD, le souci majeur, outre le personnel manquant, c'est l'escarre. Qu'est-ce qu'une escarre ? C'est la destruction locale plus ou moins importante d'un tissu, due à une diminution de l'irrigation sanguine à la suite d'un processus ischémique. Plus simplement, c'est une rougeur qui apparaît sur les points d'appui, principalement chez les personnes alitées. Elle se loge le plus souvent aux talons, aux coudes, au scrotum, vers les fessiers. Si la rougeur n'est pas soignée à temps, les tissus se nécrosent et l'escarre se creuse très rapidement.

Pour éviter la course contre l'escarre, il existe des soins de prévention : massage des talons, changements de position réguliers pour les personnes qui restent trop alitées. Encore faudrait-il que nous puissions effectuer ces gestes. Faute de temps, les soins de prévention passent souvent à la trappe. Alors pourquoi s'étonner de ces escarres qui se multiplient dans des établissements ?

*

Je m'occupais de Charles, au rez-de-chaussée. Il avait déjà une escarre qui s'était bien formée au niveau du fessier.

Même si les pansements étaient régulièrement faits, elle se creusait à la vitesse grand V. Impossible d'arrêter cette nécrose qui, comme la gangrène, le rongeait. D'ailleurs, l'odeur d'une escarre est très particulière, c'est une odeur de tissus morts.

Celle de Charles était mal placée, sous la fesse droite : les protections recouvraient aux trois quarts le pansement de selles et d'urine. Je continuais à utiliser le verticaliseur pour lui faire sa toilette, ainsi il allait sur la chaise percée pour ses besoins plutôt que de les faire dans ses protections. J'espérais éviter ainsi que le pansement ne soit trop souillé. Mais quand vous êtes dans votre protection toute la nuit, que vous êtes incontinent, c'est un vœu pieux. Or je ne suis pas habilitée à refaire le pansement, c'est du ressort de l'infirmière. Je commençais donc sa toilette, et quand j'avais terminé, je devais biper l'infirmière de garde, et j'attendais (comme Charles d'ailleurs...). Je l'avais harnaché pour qu'il puisse tenir à peu près debout le temps qu'elle nettoie et pose un nouveau pansement. Combien de minutes avons-nous parfois attendu !... En écrivant cela, la moutarde me monte au nez.

Malgré les soins, l'escarre ne s'améliorait pas, elle était même en voie ascendante. Jusqu'au jour où j'aurais pu entrer le poing dans la plaie. Charles ne disait rien pendant les soins, pourtant je n'imagine pas qu'il n'ait pas eu mal.

*

Quelques semaines plus tard, sa santé déclina ; il avait de la fièvre. Impossible de savoir d'où venait l'infection. Après une courte hospitalisation, le diagnostic de l'hôpital fut sans appel : Charles était dénutri et déshydraté ; l'escarre ne guérirait jamais si on le laissait ainsi. Pourtant, elle avait bien réduit, et sa fièvre avait baissé. Mais, même s'il allait mieux, tout le monde imaginait Charles en fin de vie.

L'hôpital avait prescrit des produits particuliers pour le traitement de l'escarre, qui n'ont jamais été commandés, et, en quelques jours, celle-ci repartit de plus belle. Sa femme, qui passait tous les jours déjeuner, dîner avec lui pour être sûre qu'il mange, n'en a jamais rien su.

Charles ne se levait plus, les toilettes se faisaient désormais alitées. Nous avions besoin d'être deux. Nous le changions de position toutes les deux heures, mais rien n'y faisait, l'escarre empirait, et Charles dépérissait. Il m'est arrivé une fois de prendre son épouse dans mes bras tant son désarroi était grand face à ce mari qu'elle avait connu si fort et qui était aujourd'hui tellement affaibli. La famille se battait pour le bien-être de Charles ; elle fut considérée comme faisant partie de celles qui dérangent. Ce que certains, ici, détestaient. Manque d'empathie, mépris des soignants et des familles m'ont toujours sidérée. Quand vous étiez une famille qui ne rentrait pas dans le cadre, il y avait dans cet établissement des personnes qui vous ignoraient, parfois vous engueulaient… ou qui ne répondaient jamais à vos interrogations.

Il avait été prescrit par l'hôpital que des patchs de morphine soient appliqués à Charles une heure avant les soins de l'escarre, pour endormir la douleur. Un jour, sa fille était venue voir son père à l'improviste en fin de matinée. Elle se trouvait dans la chambre quand l'infirmière arriva. Celle-ci lui demanda de sortir afin qu'elle refasse le pansement. Sa fille, outrée, refusa : l'infirmière allait prodiguer les soins sans avoir préalablement mis le patch de morphine. Charles aurait souffert le martyre ! Et la famille, au vu de son expérience, était en droit de se demander combien de fois cette situation s'était produite.

Charles a continué à dépérir, lentement, et l'escarre s'est aggravée. Il faisait des allers-retours hôpital-EHPAD. Il oscillait entre sursaut de vie et rechute rapide. Sa fille se battra pourtant pour trouver un autre établissement où le placer ; sans succès. Elle ne pouvait continuer d'être le témoin impuissant de la déchéance de son père. Elle souhaitait que sa prise en soin et sa mort, si elle devait survenir, soient dignes.

*

Les familles sont prises en otage par nombre d'établissements. Elles portent déjà le poids de la culpabilité d'avoir dû placer leurs proches, et quand elles dénoncent de mauvais traitements, parce qu'elles ne veulent pas être complices, elles sont souvent condamnées à subir les décisions arbitraires des directions, seules maîtres à bord. Comment peuvent-elles faire leur deuil quand, comme Charles, leur parent décède dans de grandes souffrances ? Comment ne pas avoir en tête ce visage où la douleur se mêle à l'impuissance ?

Quand je pense à Charles, aujourd'hui, je le revois sur le verticaliseur. C'était la trottinette qui le menait jusqu'aux toilettes. Lui voulait analyser les mécanismes ; je souhaitais juste qu'il ne bouge pas trop pour que je puisse le déplacer sans risque. Il était beau, élégant. Sa femme me racontait que, peu de temps avant d'arriver dans l'établissement, il faisait encore de longues marches, seul. Je l'imagine sur un fond de Yiruma, lui et cette nature qu'il aimait tant. Il avait un regard et un sourire que je garderai profondément en moi.

35

Les couchers

Définition : acte purement technique d'un transfert d'une position quelconque à une position allongée en un temps imparti de maximum quatre minutes.

Ce soir-là, je travaillais jusqu'à 20 heures. Ma collègue et moi avions tout le pan gauche du premier étage à coucher. Il était 19 h 15. Nous disposions donc de quarante-cinq minutes pour prendre en charge plus d'une dizaine de résidents et donner les médicaments du soir. Soit, si je voulais terminer à l'heure, accorder à chacun quatre minutes en moyenne. C'est peu, quatre minutes.

À vos marques, prêtes, partez !

Nous commencions toujours par les chambres du fond, un chariot de change à proximité, les médicaments dans leur rack positionné sur la poubelle. Coucher un résident, ce n'est pas seulement l'accompagner dans son lit, le border et lui raconter une histoire. Coucher un résident, c'est l'emmener aux WC, le déshabiller, lui faire une toilette intime, lui installer la protection, l'accompagner jusqu'à son lit, disposer le coussin à sa guise et les aménagements qu'il aime pour la nuit, lui donner ses médicaments, et enfin sortir en lui souhaitant une bonne nuit. Certains vous attendent pour les accompagner, d'autres ont pris les devants en se rendant déjà aux toilettes et en se déshabillant, mais c'est assez rare.

Marceline était la première résidente sur ma liste, cent cinquante kilos à la pesée. Elle s'était déjà mise en pyjama, était allée faire ses besoins, il ne me restait plus que la toilette intime, la mise en place du change et l'aide au coucher.

Tant bien que mal, j'arrivai à remonter le slip en maille un peu trop petit pour elle – il n'y en avait plus à sa taille –, puis la protection, en évitant tout pli à l'entrejambe.

— Je suis en colère, ce soir, m'annonça Marceline tandis que je plaçais le filet sur ses cheveux.

— Ah bon, pourquoi ?

— Tu l'as vue, la mère Machin ? Elle était assistante sociale, et c'est elle qui m'a placée chez les bonnes sœurs parce que mes parents étaient pauvres et qu'elle avait considéré qu'ils n'avaient pas les moyens de s'occuper de moi. Tu l'as vue, la salope ? Et voilà que maintenant je supporte de la voir tous les jours, cette vieille peau.

— Calmez-vous, Marceline, ne vous occupez pas d'elle.

— Attends qu'elle passe à côté de moi, elle va voir…

— Mais non, Marceline, ce ne serait pas correct. Allez, on va se tourner pour s'allonger, d'accord ?

J'attrapai ses jambes et tentai de lui donner assez d'élan pour qu'elle soit bien au milieu du lit. J'avais si mal au dos… Une fois installée, je lui souhaitai bonne nuit.

— À demain, Marceline, passez une bonne nuit.

— À demain… Tu vas t'occuper de la salope ?

— Non, ce n'est pas mon étage, Marceline, allez, reposez-vous.

Je sortis et frappai à la chambre d'à côté. Évelyne était allée aux toilettes mais n'arrivait pas à s'essuyer. Les fesses à l'air, elle avait plus de selles sur les mains qu'il n'y en avait sur le papier. Une toilette s'imposait. Et comme elle s'était levée sans avoir terminé, le sol était jonché d'excréments dans lesquels en plus elle avait marché… Les chaussons étaient donc à laver.

— Évelyne, venez, je vais vous nettoyer. On va enlever les chaussons, je vous en donne une autre paire.

— Ah bon, pourquoi ?

— Parce que je ne peux pas vous laisser vous coucher dans cet état.

— Mais je suis propre !

— Vous serez plus à l'aise après la toilette, croyez-moi.

Et me voilà à la laver au lavabo. Plus je passais sur son anus, plus des selles sortaient. Je lui proposai donc de se rasseoir sur les toilettes, et de terminer.

— Mais j'ai terminé !

— Je n'en suis pas sûre, vous ne voulez pas réessayer ?

— Non, puisque je vous dis que j'ai terminé !

Quinze minutes à me battre avec son sphincter. J'arrivai enfin à ce qu'elle soit propre. Installation du slip filet, de la protection, et je l'accompagnai jusqu'au lit. Je n'eus pas vraiment le temps de nettoyer son dentier qui trempait dans le petit réceptacle prévu à cet effet. Elle se coucha, je lui donnai son cachet, lui souhaitai bonne nuit et j'allai frapper à la porte d'à côté. La dame dormait déjà, elle n'avait pas eu le courage de m'attendre ; j'en informerais mes collègues de nuit.

Porte suivante, Henriette. Henriette me touchait particulièrement. Je savais que je passerais du temps avec elle ; chaque soir, elle paniquait, et des crises d'asthme montaient. Il fallait prendre le temps de discuter un peu pour la réconforter.

Quand je suis entrée, elle était assise sur son lit et pleurait. Je m'assis à côté d'elle.

— Henriette, qu'est-ce qui ne va pas ?

— Oh, ma petite, je n'arrive même pas à enlever mes bas...

— Je vais vous aider, ne vous inquiétez pas.

— C'est moche, la vieillesse, tu vois.

— Non, ce n'est pas moche, c'est une étape de la vie, un jour je serai comme vous.

— Je ne te le souhaite pas, ma petite. Tu as des enfants ?

Cela faisait dix fois qu'elle me posait la question depuis que j'étais dans l'établissement, et je lui répondais la même chose, en lui ôtant ses bas, à chaque expression de sa douleur d'être dépendante.

— Oui, j'en ai deux.

— Garçon, fille ?

— Un garçon de seize ans et une fille de onze.

— Et tu es là à aider une vieille à cette heure plutôt que d'être avec eux ? Tu sais, il faut en profiter, des enfants, ça pousse vite.

— Je les verrai ce soir, ne vous inquiétez pas.

Je lui enfilai sa chemise de nuit, lui installai le slip filet et la protection. Assise sur le lit, elle commença à manquer de souffle, et paniqua.

— Henriette, je vais aller vous chercher un verre d'eau fraîche. Avez-vous fait vos pulvérisations ce soir ?

— Oui, mais cela ne fonctionne pas !

— Attendez-moi, je reviens.

Je courus à la fontaine et lui rapportai ce verre d'eau fraîche qui pourrait lui faire du bien.

— Vous êtes gentille, Anne-Sophie. Je n'ai pas de nouvelles de mes enfants, je ne sais même pas quand ils vont passer me voir…

— Vous avez essayé de les joindre ?

— Oh non, je n'ose pas, je ne veux pas les déranger.

Ses larmes coulaient toujours.

— Henriette, appelez-les demain, et vous verrez.

— Oui, tu as raison, j'essayerai.

Elle m'a prise dans ses bras. Le câlin dura quelques minutes. Elle en avait besoin. Puis elle se mit dans son lit.

— Tu seras là demain ?

— Oui, Henriette, je serai là. Je passerai vous voir, vous me direz si vous avez pu joindre vos enfants, d'accord ?

— Oui d'accord, merci, Anne-Sophie.

— Bonne nuit, Henriette, à demain.

— À demain.

Il était pratiquement 20 heures, et il me restait des gens à coucher. Je finirais encore en retard ce soir.

Chambre suivante. Tout était à faire. La dame m'attendait dans son fauteuil, elle n'avait pas pu aller aux toilettes seule. Je l'installai donc, j'en profitai pour la déshabiller, et en attendant qu'elle termine, j'allai m'occuper de la résidente d'à côté. Je savais que le coucher était rapide avec elle, il fallait juste lui enlever ses bas de contention, lui installer des talonnettes après avoir massé quelques instants ses talons, et le tour était joué.

Quand je revins dans la chambre, la première dame était toujours assise sur la cuvette. J'enchaînai un peu mécaniquement les gestes quotidiens, et bientôt la résidente se retrouva en pyjama, assise sur son lit, prête à se coucher.

Au moment où j'ôtai ses chaussons, elle se mit à pleurer.

Est-ce que la nuit est porteuse d'angoisse ? Est-ce la peur que la mort les touche dans leur sommeil ? Est-ce que la journée s'était mal passée ? Sont-ils tout simplement comme ces bébés qui, quand le jour tombe, pleurent sans raison apparente ? Je ne sais pas, mais c'est récurrent, et les pleurs touchent plus les femmes que les hommes.

Je discutai avec elle en la manipulant, elle pleurait toujours. Comme pour Henriette, je m'assis à ses côtés.

— Dites-moi ce qui ne va pas.

— Je ne sais pas, j'ai peur…

— Vous avez peur de quoi ?

— Je ne sais pas. Vous êtes là demain ?

— Oui, demain, je suis là.

Elle pose sa main sur ma joue et esquisse un sourire.

— Vous viendrez vous occuper de moi ?

— Cela dépend à quel étage je serai affectée, mais, de toute façon, nous nous verrons dans la journée.

— Oh non ! Je ne vais pas encore avoir une nouvelle !

— Mais non, ne vous inquiétez pas. Vous prenez votre cachet. Tenez, un verre d'eau.

Je lui relevai la tête, et elle s'exécuta. Je lui installai draps et couverture et fis exprès de me tromper en voulant remonter la barrière du lit. Je savais qu'elle aimait quand je faisais des bêtises, elle en sourit.

— Je perds la tête, décidément, fis-je mine de me plaindre.

— Oh, à ton âge, quand même…

— Si, si, vous n'auriez pas été alerte, je me trompais.

— Je sais que tu me fais marcher.

Ses larmes avaient disparu.

— Je vous souhaite une bonne nuit.

— Oui, bonne nuit, Anne-Sophie. C'est bien ça, ton prénom ?

— Oui, c'est bien mon prénom.

— Alors à demain.

— Oui, à demain. Bonne nuit.

Et je continuai et continuai encore. Ce soir, j'aurai fini les couchers à 20 h 45, sans avoir eu le temps de faire mes transmissions. C'est une faute professionnelle. Si j'y allais maintenant, je ne serais pas partie avant 21 h 30. Les ordinateurs fonctionnaient quand ils en avaient envie, c'était aussi une des joies de mon établissement. Tant pis, j'embarquai mes poubelles et me dirigeai vers le vestiaire. Ma collègue d'étage était déjà partie sans me dire au revoir ; c'était fréquent, l'envie de rentrer chez soi devenait plus forte que tout, je n'en prenais même plus ombrage.

Ce soir-là, quand je rentrerais, mes enfants seraient probablement couchés, mais j'aurais essayé d'apporter plus de quatre minutes à chacun des résidents afin qu'ils ne se sentent pas jetés comme des objets dans leur lit.

36

Passage en caisse

Ce titre veut tout dire et ne rien dire, si je ne l'explique pas. Dans les EHPAD, des médecins coordinateurs sont présents, mais ils n'ont pas le droit de prescrire. Ils ne sont pas là tous les jours, et, la nuit, il n'y a aucune infirmière. Il arrive même que, la nuit, du personnel non diplômé se retrouve en charge de la totalité de l'établissement. Dans mon EHPAD, deux personnes étaient présentes la nuit pour soixante-dix-sept résidents, qui devaient gérer les urgences, les décès ou tout autre problème susceptible de survenir.

Alors si le médecin coordinateur ne s'occupe pas des résidents, il est légitime de se poser la question de qui les soigne. C'est généralement leur médecin traitant. Je ne veux pas faire de ce que j'ai vu une généralité, mais, tout de même, ce à quoi j'ai assisté se révèle assez effarant.

*

Quand une personne âgée ne va pas bien, l'infirmière appelle son médecin, qui viendra quand il le pourra. Parfois, cela peut prendre deux jours, il est probablement débordé. C'est ainsi que Serge, qui avait les jambes en sang, aussi dures que du bois, et qui ne pouvait plus marcher, aurait la visite de son praticien plusieurs jours après l'appel. Or, il peut s'en passer, des choses, en quelques jours ! Les infirmières ont fait ses pansements tous les jours, mais tous les jours il a souffert tant les plaies suppuraient. Serge est donc resté assis dans son gros fauteuil, n'osant s'absenter de sa chambre au cas où le généraliste apparaîtrait. Car, oui, le médecin de Serge, s'il ne trouvait pas le patient dans sa chambre quand il venait, ne perdait pas son temps à le chercher, il repartait.

J'ai vu quelques médecins rendre visite à leurs patients, prendre le temps de discuter avec eux et renouveler leurs ordonnances. Ceux-là existent mais sont, disons-le ouvertement, rares.

Il y a des médecins que j'appelle « les supermarchés du médicament ». Ceux-là se dirigent directement dans le bureau des infirmières, jettent un œil à l'état de santé de leurs patients, prescrivent à l'identique, mettent les cartes Vitale dans le lecteur et repartent. Ils ne sont allés voir personne, n'ont pas pris de tension, ni même dit un mot pour savoir comment se portaient leurs malades. Rien. *A contrario*, j'ai toujours vu les kinés s'occuper des résidents. Ils restent pour les faire marcher dans les couloirs, prennent du temps avec eux.

Une chose est certaine : qu'ils soient débordés ou non, les médecins n'oublient jamais de passer la carte Vitale. Quand vous avez quatre ou cinq patients dans la même maison de retraite, où la visite est facturée au minimum 33 euros, le déplacement est rentable. Et s'ils cumulent plusieurs établissements… Combien de fois ai-je vu ces situations ? Trop. J'en viens à douter de la vocation de ces praticiens-là.

Où est le suivi ? Où est l'intérêt qu'ils portent à leurs patients âgés ? Peut-être leur demanderai-je un jour, au risque de me faire rabrouer. Parce que, non, le médecin commerçant ne supporte pas qu'on lui adresse la parole ni qu'on remette en cause sa façon de pratiquer.

Décidément, nous ne faisons pas partie du même monde.

37

Les équipes

Nous étions fin janvier. La vie continuait dans l'établissement entre les aléas, les journées à rallonge sans pause, les décès. J'avais beaucoup remplacé ce mois-ci, particulièrement les week-ends. Ma feuille de paie m'indiquait 196 heures de travail. Même moi je n'arrivais pas à y croire. J'aurais pu dire non à tous ces remplacements, mais je n'avais pas voulu. Pourtant, je regretterais quelquefois d'avoir apporté mon aide.

*

Ce dimanche-là, la directrice m'a appelée vers 9 heures. Je n'avais eu que le samedi pour me reposer. Je sautai dans mes habits, tel un pompier qui partirait au feu, et j'arrivai vers 9 h 30.

Après avoir salué le personnel présent, je montai vers les étages. Personne. Deuxième étage, pas plus de monde dans les couloirs. Retour au premier, j'aperçus une collègue que je ne connaissais pas.

— Salut, je viens vous donner un coup de main, où manque-t-il quelqu'un ?

— Salut… Tu n'as qu'à prendre ce côté-là.

— OK. Il y a déjà des toilettes de faites ?

— Je n'en sais rien…

Et elle est partie. Quel accueil ! Je me retrouvais comme une imbécile au milieu de ce couloir que je connaissais, mais où j'avais le sentiment d'être une étrangère. Il me fallut quelques instants pour réaliser : je venais de laisser ma famille un dimanche de repos pour recevoir un accueil aussi peu sympathique. Je n'étais pas là pour être reçue comme le Messie, mais un « merci » m'aurait fait du bien ! La compétition entre les équipes, je la prenais en pleine figure à cet instant précis. Mais comme j'aspirais à ce que cette journée se passe bien, je démarrai les toilettes.

Je frappai à une première chambre. Une dame attendait. Je me suis vite rendu compte que c'était tout ce pan de l'étage qui attendait. Combien de toilettes à faire ? Surtout ne pas compter. Je terminerais quand je terminerais. J'avais deux heures, je ferais de mon mieux, comme d'habitude.

Je pris les chambres dans l'ordre. En sortant de chez Georges, je tombai sur Yvette dans le couloir. Je n'étais pas encore passée pour sa toilette, et Yvette avait décidé de se préparer seule. Mais elle avait un peu perdu la tête, Yvette, et appelait seins nus, dans le couloir, son soutien-gorge à la main. Elle était perdue et cherchait sa chambre. Je la raccompagnai, ne pouvant décemment pas la laisser se promener dans les couloirs dans cette tenue. Elle refusa que je la lave, elle l'avait déjà fait, me dit-elle. Je doutai qu'elle se soit vraiment lavée, mais je n'allais pas la brusquer. J'agrafai son soutien-gorge et lui trouvai un haut pour aller avec ce pantalon sale qu'elle ne voulait absolument pas changer.

Son pantalon n'était pas sale, je n'y connaissais rien, me rabroua-t-elle. Et puis elle ne l'avait mis que ce matin.

Cela faisait trois jours que mes collègues et moi tentions de lui changer sans succès. Si j'avais eu plus de temps, j'aurais sûrement essayé de l'apprivoiser pour qu'elle accepte le changement, mais aujourd'hui je ne pouvais pas. Elle me remercia, et je repartis dans le couloir.

Toutes les lumières d'appel en haut de chaque chambre étaient allumées et transformaient le couloir en une longue guirlande de Noël ! Sauf que nous n'étions pas à Noël, et que tous les résidents sans exception avaient besoin de quelque chose en même temps. Je soufflai et j'entrai dans une chambre en souriant.

— Bonjour, vous avez sonné ?

— C'est à cette heure-ci que vous arrivez pour ma toilette ?

— Je ne suis là que pour remplacer une collègue absente, d'où le retard. On y va ?

— Un peu, oui, qu'on y va ! Vous avez vu l'heure ? Décidément…

Et ce serait ce même discours chaque fois que je pénétrerais dans une chambre. Je ramènerais Yvette deux fois dans la sienne entre deux déposes de poubelles ou de linge, et je la rhabillerais, car je la retrouverais dans ce long couloir seins nus appelant quelqu'un pour l'aider. Aujourd'hui, la règle des trois F prenait tout son sens. J'étais dans l'obligation d'infliger à chaque résident une prise en soin qui ne me plaisait pas, qui n'avait pas de sens ce matin, qui manquait d'humain. Je luttais contre le temps qui fondait comme neige au soleil. J'étais encore loin du sommet de mon Everest de travail.

Et durant toute cette sale journée, personne ne viendrait m'aider, je ne verrais aucune collègue.

Une idée me hantait : j'avais laissé ma famille un dimanche de repos pour assister une équipe qui risquait fort de m'abandonner à mon triste sort et pour venir effectuer un travail qui ne serait pas abouti.

*

À midi, je n'avais pas terminé mes toilettes. Je voyais quelques collègues qui venaient chercher les résidents pour aller en salle de restauration. Moi, je pataugeais entre eau savonneuse, urine et selles. Mes gestes étaient devenus des automatismes, je ne réfléchissais plus. Je frappais, j'entrais, j'emmenais la personne dans la salle de bains : déshabillage, toilette, rhabillage, et au suivant. Je n'avais refait aucun lit, on verrait plus tard.

Une leçon à retenir : ne jamais se dire « on verra plus tard » dans un EHPAD, parce que vous n'êtes jamais disponible. Je ne sais plus à quel moment j'ai refait les lits, mais je les ai refaits. Toutes mes collègues se connaissaient, je n'en connaissais aucune, et elles me l'ont bien fait sentir. J'étais le pion qui était allé là où elles ne voulaient pas se rendre. J'ai donc aidé la table de la honte pour le déjeuner.

Le repas terminé, je commençai à remonter les résidents pour le change de 14 heures, et je ne vis personne. Entre celles qui étaient parties en pause et celles qui s'étaient mises en binôme, je me retrouvais seule. Totalement seule ; aucune solidarité entre équipes, aucun regard bienveillant, aucune parole amie. Cette équipe ne travaillait pas comme la mienne, je fis donc ce qui me parut être à faire et comme notre équipe l'aurait fait. Je sentais les larmes me monter aux yeux ; je ne m'étais jamais sentie aussi mal à l'aise. J'avais envie de rentrer chez moi, de retrouver les miens.

Il doit exister, j'en suis sûre, de vraies équipes, fortes et solidaires, dans lesquelles chaque personne se sent investie de sa mission mais aussi de celle du groupe entier. Mais, personnellement, je n'en connais pas. D'abord parce que, dans mon établissement, les équipes sont majoritairement féminines, et, je dois bien l'admettre, cumulent les poncifs que l'on prête aux femmes : les moqueries sur les physiques, les messes basses, les colportages et autres bavardages sont monnaie courante. Certaines, les fausses bonnes copines, ne vous adressent la parole que lorsqu'elles sont dans le jus. Les vraies bonnes copines, en revanche, celles qui mangent ensemble à l'extérieur, qui font tout à deux, ne vous adressent pas un regard, et attention à vous si vous tentez d'interférer dans ces couples fusionnels ! La plupart, dans votre dos, critiquent vos pratiques : vous en faites trop ou n'en faites pas assez, vous êtes trop rapide ou trop lente, vous ne levez le petit doigt pour personne ou vous passez votre vie dans le bureau de la direction… J'en passe et des meilleures. Il y a celles qui vous apprennent votre métier, qui vous observent et qui, au moindre manquement, vous attendent au tournant. Il y a celles qui sont souvent en pause alors que vous croulez sous la charge de travail. Il y a celles qui ne prennent pas de gants avec les résidents. Il y a enfin celles qui font leur travail et qui rentrent chez elles. Bref, il y a une multitude d'individualités. Pas d'équipes soudées.

Mais revenons à ma solitude de ce jour-là. Je devais partir à 18 heures, j'étais donc d'animation l'après-midi. Je me suis débrouillée pour aller chercher les résidents volontaires un par un, aucune de mes collègues n'est venue m'aider. J'avais dans l'idée de proposer à nos aînés encore du piano.

Je n'avais apporté aucune partition, j'ai joué de tête. Pour certains morceaux, mes doigts se positionnaient automatiquement sur le clavier. Enfin un moment où j'étais bien.

Était-ce vraiment pour les résidents que je m'étais mise au piano, ou pour moi-même ? Peu importait, au fond, j'allais pouvoir leur apporter un peu de douceur, de réconfort, sans regarder ma montre ni avoir à appliquer une règle quelconque.

À 15 heures, je commençai à jouer. Quelques têtes apparurent dans l'encadrement de la porte. C'étaient mes collègues. Je tenais ma revanche. À 16 heures, goûter.

C'était à moi de le servir. Mais quelle ne fut pas ma surprise lorsque je vis deux collègues s'avancer et me dire :

— Continue à jouer, on donne le goûter, c'est trop beau.

Le concert a duré jusqu'à 17 h 30. Deux heures et demie d'humanité, comme une parenthèse enchantée. Très vite, la routine a repris le dessus : je fis mes transmissions, je me changeai et je rentrai enfin chez moi.

Ce soir-là, j'avais mal à mon travail.

38

À la lumière d'une ombre

Ce jour-là, j'étais affectée à l'unité protégée. Étant une aide-soignante spécialisée dans les troubles cognitifs et le handicap, j'allais enfin pouvoir exercer mon métier dans sa totalité. L'unité protégée devrait être un cocon pour des résidents atteints de maladies neurodégénératives comme Alzheimer ; en réalité, c'était un fourre-tout de pathologies. Sur les quatorze personnes que comptait l'unité, seules quelques-unes déambulaient, les autres étaient polyhandicapées dans des fauteuils roulants.

Comme chaque matin, ce fut la course aux toilettes. Je fus frappée, mordue, parce que j'étais obligée de réveiller les résidents sans tenir compte de leur rythme biologique afin qu'à 9 h 30 ils aient tous pris leurs médicaments. Quelques jours plus tôt, j'avais entendu notre commerciale dire à une famille qui venait visiter l'unité : « Ici, vous voyez, nous faisons des animations, aujourd'hui, par exemple c'est après-midi crêpes. Ici, vous verrez, votre maman sera bien prise en charge, on est dans l'obligation de respecter les rythmes biologiques de nos résidents, c'est un point d'honneur dans notre cahier des charges... » J'avais failli m'étouffer. On ne vend pas la réalité aux familles dans le désarroi qui cherchent le meilleur pour leur proche. On les endort avec des arguments spécieux, la plaquette est jolie, les paroles sont rassurantes ; mais la réalité est tout autre.

Chez nous, dans l'unité protégée, les résidents sont pris en charge comme nous le pouvons avec les moyens que l'on nous donne. Et, comme partout ailleurs, le temps nous manque cruellement.

Le matin, il faut descendre les chariots de petits déjeuners et les servir sans l'aide de personne. Ensuite, cap sur les toilettes. Notre cadre a eu la riche idée de ne pas répartir les produits d'hygiène et de les mettre tous dans une seule pièce. Malheur à vous si vous oubliez quelque chose ! Rien n'est véritablement réfléchi, tout est décidé par les directeurs qui n'enfilent jamais une blouse et pensent avoir la science infuse.

*

Ce matin-là, vers 11 heures, la cadre, toujours perchée sur ses talons, nous a rejointes. Il nous restait, je crois, cinq ou six toilettes à faire, quand elle me dit :

— Anne-Sophie, vous n'avez pas écrit le menu sur le tableau, pas mis la météo ni quelles animations vous avez faites ce matin.

Les bras chargés de linge, je restai soufflée par sa hiérarchie des priorités. Alors que je lui répondais que la seule animation de la journée avait été les toilettes, elle poursuivit sur le même ton :

— Oui, mais c'est important pour les familles de voir que nous inscrivons des choses au tableau, et puis ça ne vous prend pas longtemps… Au fait, avez-vous nourri Alois ?

Alois, le chat de l'unité protégée. Pourquoi Alois ? Parce que Alois Alzheimer. On ne manque pas d'humour, en unité protégée... Ce chat n'est pas gentil, il pisse absolument partout et peut attaquer n'importe quand. Il y a aussi une cage avec des perruches ; avec le chat, c'est un savant mélange, il n'y a pas à dire... Quand ce ne sont pas les résidents qui, agacés par le bruit des perruches, font voltiger la cage à travers l'unité. L'endroit est vivant, c'est un fait. On y arrive avec beaucoup d'entrain, on en ressort sur les rotules.

Ce jour-là, j'étais en charge de l'animation. Comme d'habitude, la seule chose qui me vint, ce fut la musique. J'avais apporté mon violon quelques jours avant, les résidents avaient apprécié : sur leurs visages, souvent figés, étaient apparus des sourires, certains s'étaient dandinés dans leurs fauteuils, tandis que d'autres avaient frappé dans leurs mains.

Aujourd'hui, ce serait piano. Comme on s'en souvient, l'instrument qui meublait la grande salle à manger appartenait à une résidente de l'unité. Elsa. Elsa était belle et d'une grande élégance. De surcroît, au premier regard, tout chez elle vous paraissait aller parfaitement. Elle avait peu de rides, voire pas du tout, elle était fine, ses cheveux étaient noirs de jais, pas un seul fil blanc. Ses vêtements étaient classiques, elle avait du charisme, de la classe. Mais Elsa n'était que l'ombre d'elle-même, elle avait tout oublié. Elle parlait très peu, si ce n'est pour être dans l'opposition, et il lui arrivait d'être violente – sa pathologie générait ce genre de comportement. La plupart du temps, elle était discrète, assise sur sa chaise. Elle marchait à tout petits pas et avait besoin d'une main pour avancer. Besoin d'une main qui lui donnerait confiance en elle, comme on le ferait pour un enfant qui apprend.

À l'heure de l'animation, j'avais une idée en tête. J'approcherais Elsa du piano. Depuis combien de temps n'avait-elle pas touché un clavier ? Mes collègues m'ont toujours dit qu'à son arrivée c'était elle qui faisait résonner les cordes de l'instrument, qui était alors dans sa chambre. Pourquoi lui avait-on enlevé, je ne le saurai jamais. Mais je sais la douleur d'un musicien auquel on ôte son instrument. Enlevez-nous nos instruments, nous sommes aphasiques.

Je commençai par Bach, puis ce fameux nocturne de Chopin qui fait trembler d'émotion. Elsa, à côté de moi, se mit à chantonner, puis chanta de plus en plus fort. Sa voix recouvrait maintenant les notes. Cette fois-ci, c'était sur moi que le nocturne faisait de l'effet : Elsa chantait, et moi je pleurais.

Le morceau terminé, je lui tendis le livret des partitions pour qu'elle choisisse un morceau. Elle désigna un menuet de Bach.

— Elsa, il n'est pas évident, celui-ci.

— Ah non, il n'est pas évident.

Alors elle tourna les pages, trouva un morceau. Et plutôt que de me rendre la partition, elle se mit à jouer de la main droite. Elsa était une ombre dans la lumière, ce jour-là elle avait retrouvé son instrument.

Ma collègue était bouche bée. Et je ne pus retenir mes larmes.

Non, ce n'est pas vrai, Elsa n'avait pas tout oublié…

39

Tout va bien

Martine était une oubliée. Elle ne parlait pas, elle suivait nos demandes sans broncher, même quand elle était mal réveillée. Martine n'était pas difficile, mangeait ce qu'on lui proposait, restait des heures assise dans le petit salon sans mot dire, seule. Elle ne participait jamais aux animations parce qu'elle était tellement discrète que personne ne l'y emmenait. Qu'avait-elle fait dans sa vie ? Je l'ignorais.

Quelquefois, son mari passait la voir ; il semblait plus âgé qu'elle, mais je ne pouvais donner d'âge à Martine. Quand je la regardais, j'avais le sentiment de voir une fillette dans un corps d'adulte. Hormis le diabète, je ne lui connaissais aucune pathologie. En décrivant Martine, je me rends compte qu'il y a des aînés que nous ne voyons plus. À part sa toilette, lui distribuer son repas, quand avais-je vraiment pris le temps de discuter avec elle ? Jamais.

Elle était facile, et il y avait si peu de résidents que ceux qui l'étaient devenaient des fantômes errant dans les couloirs. Leurs vies se résumaient à nous voir passer à côté d'eux en courant.

*

J'ai toujours été surprise par la chambre de Martine. Souvent les résidents apportent meubles, livres, télévision, photos et tout autre souvenir qui les relient à leurs vies avant l'EHPAD. Dans sa pièce, il n'y avait rien. Sa chambre était à l'image d'une cellule monastique : un lit, une table, une chaise et un fauteuil. Elle ne vivait pas dans l'opulence de biens, elle n'en avait pas. Dans son armoire, quelques vêtements qui se battaient en duel, point.

Finalement, Martine était devenue, à l'image de son lieu de vie, un rien ; une dame âgée sans histoire, sans paroles, sans biens, une dame âgée fantôme.

*

Mais, depuis quelques jours, Martine faisait parler d'elle. Non pas qu'elle se soit rebellée, qu'elle se soit mise à parler : elle se grattait. Nous avions avisé les infirmières de son état. Martine n'était pas une priorité, personne ne se déplaçait vraiment pour constater tous ces petits boutons. La semaine est passée ainsi, quand une infirmière remplaçante se déplaça enfin. Alerte rouge ! Branle-bas de combat ! Suspicion de gale.

Depuis une semaine, nous n'avions pas pris de précautions particulières quand nous nous occupions de Martine, et si la gale se confirmait, nous avions toutes de grandes chances d'être contaminées, et de la rapporter triomphalement dans nos demeures sans le savoir.

*

Dans un EHPAD, les mots comme mort, décès relèvent du normal ; en revanche, gastro, grippe, gale font souffler un vent de panique. La différence dans les consciences entre des pathologies particulières et la fin de vie, c'est factuel. L'habitude, probablement ! Je m'habitue à la mort qui plane chaque jour, je suis touchée quand un résident part, mais je ne fais pas aux pathologies moins communes.

*

Dorénavant, ce serait blouse et gants obligatoires avant d'entrer dans la chambre de Martine ; tous ses vêtements seraient mis dans des sacs-poubelle et vaporisés de produits antiacariens. Les draps aussi. Même Martine. Désinfection complète.

Le surlendemain, un expert en dermatologie passerait. Nous resterions donc vigilants, et Martine serait confinée dans sa chambre, quarantaine obligatoire, tant que le diagnostic ne serait pas posé. En attendant, tous les soignants se grattaient, c'en était devenu psychologique.

C'est son époux qui dut payer la prise en charge de la possible maladie de sa femme. Tout rapporte, dans un EHPAD, même la gale. Il se saignait déjà aux quatre veines pour la maintenir dans l'établissement, ce surcoût de 75 euros par mois était une somme astronomique pour le couple.

Quelques jours plus tard, une première collègue fut renvoyée chez elle. Elle était contaminée. Impossible de travailler dans ces conditions. Le lendemain, une collègue de nuit se vit aussi renvoyée chez elle, même diagnostic.

Les jours, les semaines passèrent, et Martine ne voyait vraiment plus personne. Plus personne ne voulait entrer dans sa chambre. D'ailleurs, dans le couloir, la couleur était affichée : devant la porte était posté un portemanteau avec la seule et unique blouse que nous devions enfiler, et sur une chaise, une boîte de gants. Il ne manquait plus qu'une pancarte « Attention, gale », et on aurait eu toute la panoplie du manque de respect de la pathologie.

Martine aurait bien aimé sortir de sa chambre et déjeuner avec les autres. Interdit. Errer dans les couloirs ? Interdit !

Un jour où nous manquions de personnel, stupeur de l'équipe : notre collègue renvoyée chez elle pour cause de suspicion de gale était là. Elle portait une blouse.

— Mais qu'est-ce que tu fais ici, tu es guérie ?

— Ils m'ont appelée ce matin, il manque du monde, ils m'ont donc demandé de remplacer.

— Et tu n'as pas refusé ?

— J'ai besoin de manger.

Que répondre à cet argument ? Rien.

40

L'or gris

Une entrée dans l'établissement se profilait. Depuis des semaines, nous demandions que les entrées soient moins lourdes ; cela signifie que nous souhaitions, pour le respect de la dignité des résidents, que des personnes plus autonomes soient acceptées. Le monsieur attendu serait logé en définitive au rez-de-chaussée, la partie du bâtiment la plus difficile à gérer pour nous ! Cela voulait dire plus de difficulté pour les soignants. Mais surtout plus de profit pour la direction. Pourquoi était-il plus rentable d'accepter des résidents lourdement handicapées dans l'établissement dans lequel je travaillais, à but lucratif ? Parce que chaque personne âgée perçoit l'allocation personnalisée d'autonomie, versée par les conseils généraux. Plus la dépendance est élevée, plus la somme est importante. Elle n'est pas d'un montant fixe, mais calculée selon la grille AGGIR (voir p. 89). En moyenne, un GIR 4 percevra une pension de 300 euros, un GIR 1, 600 euros.

On comprend donc mieux pourquoi il est plus juteux d'accepter des personnes en grave perte d'autonomie. Ces sommes s'ajoutent au reste à charge que le résident doit payer. Dans cet établissement, ils déboursent en moyenne 2 700 euros par mois. Une somme rondelette, pour le moins. Et lorsqu'on sait que les résidents ou leurs familles, pour payer l'hébergement de fin de vie, soit vendent la maison acquise à la sueur de leur front, soit vident les comptes d'épargne, et espèrent secrètement que la mort les touchera assez tôt pour que leurs enfants ne soient pas obligés de payer pour eux…

L'établissement vend du rêve en plaquettes colorées et mise sur son caractère privé. Mais il faut savoir que la prise en charge est exactement la même que dans un établissement public. Ce n'est pas parce que nos aînés paient plus cher que le soin sera de meilleure qualité. Pourquoi ?

En France, les Agences régionales de santé (ARS), tous les cinq ans, recalculaient le GMP (GIR moyen pondéré) et le PMP (pathos moyen pondéré) – qui sert à déterminer la prise en charge médicale nécessaire aux personnes âgées dont l'état de santé est dégradé –, afin de doter l'établissement d'une enveloppe financière devant servir au paiement des salaires. Évidemment, on ne parle que des salaires des soignants diplômés ou non diplômés mais en voie d'acquisition des expériences. Si les GMP et PMP sont identiques dans un établissement comme celui où j'officie et dans une structure publique, il y aura le même nombre de soignants.

Plus les chiffres sont hauts, plus l'enveloppe est importante. Un établissement privé avec des dotations publiques, donc… c'est l'argent du contribuable, le vôtre, le mien, qui est distribué à des actionnaires, parce que, ne nous méprenons pas, il y a si peu de contrôles que bien des établissements peuvent faire ce qu'ils veulent de cette manne.

À partir du GMP et du PMP, l'ARS avait décidé qu'il fallait donc, dans mon établissement, dix-neuf soignants diplômés pour s'occuper de soixante-dix-sept résidents, même si l'autorisation d'ouverture du lieu avait été accordée pour soixante-quinze. C'est un détail, mais tout de même, un détail qui a son importance. Imaginez l'argent que génèrent deux résidents de plus.

Le profit n'a aucune morale : dans certains établissements du même type, l'indécence va jusqu'au rationnement des protections, souvent de qualité inférieure, pour économiser 10 centimes. Car c'est aussi l'enveloppe de soins qui paie les protections, les gants et le matériel indispensable à nos métiers. *Idem* pour l'alimentation : la plaquette promotionnelle et le site Internet promettent souvent des repas diversifiés, équilibrés. Or, en moyenne, dans ces établissements, les repas ne doivent pas coûter plus de 4 euros par jour. Je veux bien croire qu'ils font des commandes groupées et qu'ils bénéficient de tarifs préférentiels, mais je mets quiconque au défi d'établir un petit déjeuner, un déjeuner, un goûter et un dîner équilibrés pour 4 euros.

Et lorsque des économies sont faites et qu'il reste de l'argent public, qui assure que celui-ci est réinvesti pour nos aînés ? Personne.

Le problème étant posé, nos gouvernants s'insurgent tous du constat alarmant de l'état de dénutrition de nos seniors dans les EHPAD, des escarres qui se soignent mal et des pathologies qui s'accélèrent. Mais depuis combien de temps cela dure-t-il ?

*

Un soir, dans mon établissement, les fours étant en panne, le dîner de remplacement servi fut composé de raviolis en boîte. Cinq raviolis se battaient en moyenne au fond des assiettes. Les personnes âgées ne dirent mot. Pourtant, elles avaient faim, elles avaient vidé les corbeilles de pain. Mais elles firent contre mauvaise fortune bon cœur, demain on mangerait mieux. Et puis, la plupart avaient connu la guerre et le rationnement, alors elles s'adaptaient. La colère monta tout de même chez certains ; mais comment prendre l'initiative de dire quelque chose quand, pour toute réponse, vous recevriez les foudres du chef de cuisine ?

Le lendemain midi, les fours étant toujours en panne, ce fut chips et jambon blanc pour tout le monde ; pratique pour ceux qui n'ont pas de dents et qui doivent manger du mixé ! Le soir arriva et, dans l'assiette, comme la veille, cinq raviolis en boîte. C'en était trop : les résidents ont refusé de manger ce qu'il leur était proposé, et une grève des repas a débuté. Il ne faut pas s'imaginer que, parce qu'elles sont vieilles, ces personnes sont devenues idiotes ; elles savent très bien combien elles paient chaque mois et s'insurger quand le traitement qui leur est accordé devient indigne. Spectatrice de ce qu'il s'était passé, je me suis tout à coup sentie fière. Fière de leur détermination, fière de leur action solidaire, fière de voir que les résidents avaient encore l'envie de dire non.

*

Le cynisme de certains responsables d'établissements privés à but lucratif est sans limites – comme l'est l'appât du gain. La mort, ultime étape de la vie, est naturelle. Vous, moi allons mourir un jour. Nous ne pouvons mourir que si nous avons vécu. Notre mort, nous la souhaitons tous douce et sans souffrances. Mais personne n'a la même histoire quand l'heure a sonné, nous ne sommes pas égaux face à la Grande Faucheuse.

La mort est omniprésente dans les EHPAD, dont beaucoup ne rechignent contre aucun profit : ainsi, des établissements ont des contrats non écrits avec des entreprises de pompes funèbres. Quand le résident décède, la direction utilise la souffrance, le désarroi des proches pour conseiller telle ou telle société capable d'organiser les funérailles. Elle souffre avec la famille, est dans l'empathie, la comprend. Même si cette dernière n'a jamais vraiment eu affaire à elle, ne l'a jamais vraiment croisée dans les couloirs, ce jour-là, elle aura les mots qui sauront réconforter, elle passera une main dans le dos pour mieux aider le parent qui, perdu, choisira peut-être l'entreprise qu'elle lui conseillera.

Les pompes funèbres sont d'ailleurs souvent installées à proximité des maisons de retraite, parfois juste en face. D'une certaine façon, la logique commerciale est respectée. Oui, mais pas seulement. À chaque début d'année, les patrons de ces sociétés apportent volontiers aux secrétaires et cadres des maisons de retraite des boîtes de chocolats – une couronne mortuaire n'aurait pas été du meilleur effet. Échanges de bons procédés, la mort est un commerce comme un autre. Et, en règle générale, plus un établissement envoie de clients à une entreprise, plus la commission est intéressante.

Mais la marchandisation, l'exploitation de la douleur des proches laissent un goût amer dans la bouche.

*

Voilà donc l'univers dans lequel je travaille, où la vieillesse est une marchandise. La soignante que je suis se débat chaque jour pour que le soin reste un acte humain et non un chiffre dans un bilan comptable. L'humain est une notion non quantifiable, mon métier ne devrait pas être régi par des politiques de rentabilité. La vieillesse ne rapporte rien à l'État ; au contraire, elle coûte. En se dédouanant de la prise en charge des personnes âgées, celui-ci ouvre grand la voie aux établissements privés qui ont toute la liberté de financiariser la vieillesse.

Mais nos aînés, qui ont cotisé toute leur vie, n'ont-ils pas droit à un peu de dignité ?

Les EHPAD sont vus comme des mouroirs, et c'est ce qu'ils sont. Combien de personnes âgées décèdent par manque de considération des directeurs et des médecins coordinateurs qui restent sourds aux paroles et doléances des soignants ? Pourtant, il faut en être convaincu, si aujourd'hui ces établissements tiennent encore debout, c'est grâce au dévouement de tant de petites mains.

Cela s'appelle l'or gris.

41

Nouvelle entrée au rez-de-chaussée

M. Ernst était le nouveau venu de l'établissement. Il avait eu un accident vasculaire cérébral et était paralysé du côté gauche. Il était aussi en traitement pour une bactérie multirésistante ; il fallait lui appliquer une pommade sur tout le corps après la toilette. En tant que personnel soignant, nous devions être encore plus vigilants. Ses vêtements, ses draps étaient placés dans des sacs hydrosolubles avant d'être lavés. Ses poubelles étaient déversées dans un grand carton et envoyées à un organisme particulier qui les traiterait.

Son arrivée pesait sur cet étage déjà chargé. Or, quelques jours plus tard, un autre monsieur fit son entrée dans cette aile de l'établissement. Lui était sondé ; sa prise en soins prendrait donc aussi beaucoup de temps.

Alors que nous réclamions plus de personnel pour ce niveau, la direction, en guise de réponse, nous ajoutait deux résidents lourds. Encore une preuve flagrante que la parole des soignants n'est jamais écoutée.

*

M. Ernst ressemblait à un SDF quand il est arrivé : barbe longue, cheveux gras, habits et corps sales. Autrefois, professeur de physique-chimie dans un lycée du sud-ouest de la France, il avait encore toute sa tête, seul son corps l'avait en partie abandonné. Ses tee-shirts étaient découpés dans le dos, la technique que des prédécesseurs avaient trouvée pour lui enfiler ses vêtements. Un dossier d'hospitalisation à domicile était fait, il se poursuivrait donc dans l'établissement. Les soins seraient effectués par des infirmières extérieures, mais pas les toilettes. Il avait des pansements un peu partout, était dans un triste état. Il n'était pas âgé, mais je n'étais pas convaincue, tant s'en faut, que son état s'améliorerait dans un EHPAD.

L'établissement décida que M. Ernst n'aurait droit ni à un verre de vin ni à ses cigarettes. Je connaissais pourtant des résidents autorisés à boire de l'alcool dans leur chambre ou à table, et qui s'endormaient avant même la fin du repas tant ils étaient alcoolisés. Alors pourquoi cet homme était-il traité différemment ? Il nous était formellement interdit de lui offrir une cigarette. Était-ce une prescription médicale ? Aucunement, juste une solution de facilité pour l'établissement. Comme le monsieur ne pouvait pas vraiment se déplacer seul, il fallait un soignant pour l'accompagner dehors. C'était donc du temps perdu, du temps où un soignant n'était pas rentable. Les EHPAD deviennent parfois des lieux de privation de liberté quand les résidents ne sont plus du tout autonomes.

Il a donc fallu sevrer M. Ernst du tabac. Il s'est mis à chiquer. Il ne chiquait pas du tabac, il ne mâchouillait pas des chewing-gums à la nicotine, non : il chiquait du carton ou du papier toilette ! Il fallait bien qu'il trouve un placebo. Quand je le voyais faire, j'allais lui chercher du pain, c'était toujours mieux que du carton. La direction n'avait pas l'air gênée que cet homme en soit réduit à cela. C'était ainsi, ils avaient décidé, lui devait s'y plier. Combien de fois nos voix se sont élevées, combien de fois nous avons été méprisées... On ne discute pas les ordres. Nous ne sommes pas là pour penser, nous sommes des techniciennes de la toilette, pas des technocrates qui « décisionnent » sur les mesures à prendre.

Je parlais intégrales, nombres complexes, logarithmes et fonctions exponentielles avec cet homme. Il me racontait ses élèves et la fin de sa vie professionnelle. Il ne devait pas être tendre, comme prof, il était cartésien et bien accroché à certaines idées reçues. Il n'avait pas sa langue dans sa poche et savait envoyer balader s'il n'était pas d'humeur. Mais il pouvait aussi être gentil et aidant lors de sa toilette alitée. Il se moquait complètement de son style, raillait parfois toutes ces vieilles dames endimanchées. Pour lui, la beauté, finalement, « ne se mangeait pas en salade », et comme il me le répétait souvent, citant Saint-Exupéry : « On ne voit bien qu'avec le cœur, l'essentiel est invisible pour les yeux. »

Un matin, quand je suis entrée pour m'occuper de lui, le choc, la stupéfaction. Ses petits yeux chafouins me regardaient, interrogateurs :

— Ben quoi, qu'est-ce que tu as, ce matin ?

— Il y a eu une bagarre cette nuit, dans cette chambre ?

— Non, pourquoi ?

— Pourquoi ? Mais qu'avez-vous fait, cette nuit ? Tout va bien ?

— Ben oui.

Du sol au plafond, des boulettes de papier toilette mastiquées et collées aux murs. Même la télévision en avait pris pour son grade ; c'était ce qui s'appelle avoir de la neige sur l'écran. Je souriais intérieurement. Il n'avait pas manqué de munitions. Je commençai à le déshabiller, il souriait.

— Vous allez avoir des difficultés à regarder la télévision, maintenant.

— Je me suis énervé hier soir.

— Comment cela, vous vous êtes énervé hier soir ? Contre quoi ?

— Contre ces politiciens, là ! Écoute, j'en ai vu un hier soir que je n'aime pas et me suis défoulé.

— Vous ne l'aimez vraiment pas ! Vous m'auriez dit le contraire, je ne vous aurais pas cru !

Je riais, il riait de ses petites bêtises. La toilette était détendue. Elle prenait toujours autant de temps, mais j'aimais cette ambiance de douceur. Ma collègue agent de nettoyage frappa à la porte et entra. Elle pâlit. Quand elle vit le carnage et la mise à mort de tous ces rouleaux de papier toilette, elle referma la porte en disant :

— Oh, mon Dieu, je reviens.

Quelques minutes plus tard, les infirmières de l'établissement, la maîtresse de maison, la secrétaire pénétrèrent dans la chambre pendant que je triais le linge. Il eut droit à une leçon de morale, à laquelle il répondit très calmement :

— Vous me faites chier.

Comment ne pas éclater de rire ? Je souris encore en écrivant cela, même si la scène est au fond bien triste.

*

C'est l'histoire de M. Ernst, ancien enseignant, obligé de chiquer du papier toilette ou du carton. C'est l'histoire de cet homme dont les libertés ont été sacrifiées aux décisions d'un établissement. C'est l'histoire de cet homme seul, têtu, sans famille, qui assumait ses actes, qui m'a souvent fait rire, et qui, si son bras gauche le lui permettait encore, serait probablement en train de nous jouer un morceau de la guitare qu'il gardait précieusement à côté de son lit.

42

« Ne vous inquiétez pas, il est très gentil »

Ce jour-là, un nouveau résident faisait son entrée dans l'unité protégée. Jacques venait remplacer un monsieur que la direction avait d'autorité installé dans les étages supérieurs sans son consentement, ce qui l'avait d'ailleurs déboussolé un moment, car de ce fait il avait perdu tous ses repères. Il ne savait pas comment descendre manger, se trompait d'étage, ne retrouvait pas sa chambre, prenait des décisions incompréhensibles auxquelles nous devions nous plier.

L'homme qui avait pris sa place était grand, très grand, et charmant. Il marchait bien, avait l'air tout à fait normal ; ses réactions ne montraient aucune forme de troubles cognitifs. Il souriait fréquemment, dansait dès qu'il y avait de la musique. Le matin, il était souvent le premier debout ; il s'asseyait à une table, attendant que je lui serve son petit déjeuner. Tartine de pain confiture, café au lait et jus de fruits. Il était le premier à vouloir aider à la cuisine, il s'intéressait à ce que nous faisions. Il était gentil, si gentil…

Le temps passa ainsi quelques semaines, et puis son comportement commença à se dégrader. Il cherchait son épouse partout. Elle était décédée quelques mois plus tôt ; le lui avait-on dit ? Je l'ignorais. Dans sa chambre, pas de luxe, quelques photos en noir et blanc qui laissaient supposer qu'il était gymnaste dans un cirque ou ailleurs.

Ses demandes concernant son épouse devenaient chaque jour plus pressantes, et que lui répondre, sinon lui mentir ? Comme peu de famille venait le visiter, je trouvais des subterfuges, et souvent mes arguments le calmaient pour un temps. Il était sous traitement léger, pourtant je sentais bien que quelque chose clochait chez lui.

Son état psychique se détériora, ses yeux se firent méchants. Nos discussions devinrent plus difficiles à tenir, il ne pensait qu'à son épouse. Si je lui disais la vérité, comment la prendrait-il ? Je commençais à craindre ses réactions. À force de travailler dans l'unité protégée, je sentais quand un résident était proche de la rupture et que la crise approchait ; en ce qui concernait Jacques, je n'avais aucun repère. Alors je restais sur mes gardes.

Deux jours plus tard, à 7 heures du matin, j'étais de nouveau affectée à l'unité protégée. Jacques était déjà levé, comme à son habitude. J'aurais préféré qu'il dorme toujours, je me trouvais encore seule à cette heure et j'avais de moins en moins confiance en ses réactions. Dès qu'il me vit, il m'agressa :

— Tu étais où, cette nuit ?

— Bonjour, comment allez-vous ?

Ce n'était pas à moi qu'il parlait, mais à son épouse. Ses yeux en disaient long sur la colère qui l'animait. Pourvu que je réussisse à le calmer…

— Vous souhaitez déjeuner, vous voulez m'aider ?

— Tu étais où cette nuit ?

J'étais enfermée dans la petite cuisine ; il y avait donc une distance de sécurité entre lui et moi. Je détournai encore une fois la conversation.

— Je vous offre un café, vous en voulez un ?
— Oui, s'il te plaît.
— Je vous mets des tartines avec, vous voulez déjeuner ?
— Oui, j'ai faim.
— Allez vous asseoir, j'arrive.
— Je m'assieds où ?
— Où vous le souhaitez, vous avez toute la salle pour vous.

Il s'installa à sa place habituelle. Je terminai la préparation. Je n'étais pas sereine quand je lui apportai son plateau.

— Oh, c'est beau, merci, c'est gentil.
— Mais de rien, bon appétit.

Il s'était radouci, était doux comme un agneau. Depuis plusieurs jours, le ton de sa voix alternait entre méchanceté et douceur. J'avais le sentiment d'avoir deux hommes en face de moi. Pendant qu'il était affairé à manger, je m'occupai des autres résidents. L'unité protégée se réveillait doucement. Certains résidents le rejoignirent à table et s'assirent à côté de lui. Sa colère repartit de plus belle. Il revint furieux vers la cuisine.

— Dis-leur de foutre le camp ! On est chez nous, ici, c'est quoi, tous ces gens que tu as invités ?
— Ils prennent juste leur petit déjeuner.
— Oui, mais je suis chez moi, ici ! Qui t'a donné l'autorisation d'inviter tous ces gens ? Et puis c'est qui qui paie leur repas ? Non ! non ! non ! Vire-les-moi !

Il hurlait. Ma collègue arriva enfin ; nous serions deux à le gérer, ce serait plus simple. Du moins, c'était ce que je pensais. J'enchaînai rapidement avec sa toilette ; sans les autres résidents, peut-être se calmerait-il.

Arrivée dans la chambre, je proposai de le raser d'une voix la plus douce possible. Il fallait qu'il redescende en tension. Il se calma peu à peu. Il refusa de porter des protections, je n'insistai pas. Il m'aida très gentiment à faire son lit. Quand il était ainsi, c'était un homme merveilleux, souriant, amusant.

Je craignais le retour dans l'espace commun. Je l'accompagnai jusqu'à son fauteuil, où il s'assit tranquillement. Aux expressions de son visage, j'avais l'impression qu'il allait se rendormir. Un peu de répit en perspective.

Ma collègue et moi continuâmes les toilettes jusqu'au moment où sa colère reprit. Le calme n'avait pas duré longtemps. Peut-être une demi-heure. Désormais il entrait dans les autres chambres pour nous trouver.

J'étais avec une dame à moitié nue quand il pénétra avec fracas dans sa pièce.

— Pouvez-vous sortir, Jacques, s'il vous plaît ? Je termine avec cette dame et j'arrive.

— Non ! Tu fais quoi ? Et puis, les gens sont encore là.

— Vous êtes dans la chambre de cette dame et je suis en train de la laver, je vous promets, j'arrive. Sortez, s'il vous plaît.

Il sortit en claquant la porte. Il donnait des coups de pied dans chaque porte du couloir. Cinq minutes plus tard, il était de retour.

— Je t'ai dit de faire partir ces gens ! Tu fais quoi, bon Dieu ?

— Je termine avec cette dame, et promis, j'arrive.

— Je vais les tuer, tu sais, si tu les fous pas dehors !

— Je termine, j'arrive.

Il repartit en se tapant la tête contre les murs du couloir. J'ai été obligée de fermer à clef pour le respect de la résidente et de sa nudité. Jusqu'à ce que je sorte, il tambourinerait à la porte. Il invectiverait chaque résident qui passait à côté de lui. Ma collègue avait terminé avant moi, elle le prit en charge. Il était violent, dans ses mots, ses actes. Pas d'autre choix que d'appeler les infirmières pour qu'elles lui délivrent un « si besoin ». Nous n'arrivions pas à le calmer avec nos mots et notre douceur, seule une action chimique pourrait agir à ce stade.

Le médicament pris, il s'assit dans le grand fauteuil. Nous ne l'avons plus entendu jusqu'à midi, il a dormi. Mais l'heure du déjeuner approchait, et nous devions le réveiller. Fallait-il l'isoler pour qu'il ne voie pas les autres résidents ? Pas sûr que ce soit la bonne solution à long terme, si nous espérions qu'il finisse par s'intégrer. Je l'installai donc à une table où il n'y avait que des messieurs, et curieusement ils discutèrent. Les conversations n'avaient ni queue ni tête, entre Germain qui cherchait son cheval grimpé au poteau électrique, Henri qui n'entendait rien et qui faisait répéter la moindre phrase, et lui qui répondait à Germain qu'il était fou, qu'un cheval ne grimpait pas aux poteaux, mais tout se passait pour le mieux.

En revanche, à une autre table, Rosa hurlait et engueulait tout le monde. Tous les attablés étaient effrayés. Hugues, dans son coin, se mit à crier lui aussi sur Rosa.

— Mais tu vas la fermer, ta gueule !

Il allait falloir vite calmer tout ce petit monde. Certains s'étaient levés et avaient fui. Ils n'avaient que très peu mangé. Pendant que l'une de nous les rattrapait pour les remettre à table, l'autre continuait de donner la becquée à ceux qui n'étaient pas autonomes. Louisette riait toute seule et chantait. Rosa hurlait toujours. Hugues lui répondait de plus belle. Germain, Henri et Paul étaient au-dessus du poteau et voulaient désangler la pauvre bête.

J'avais mal au crâne.

Servir les desserts, le sucre apaisait. Il était 13 h 15, il fallait remonter les chariots, changer et coucher ceux qui avaient besoin de faire la sieste. Jacques était calme, je commençai par emmener les dames. Il resta assis sur sa chaise, sans broncher. La fille de Germain venait d'arriver et s'installa à côté de son père.

Quand je revins, Germain avait uriné par terre et craché ses glaires. Il fallait le changer.

— Germain, venez, on va se changer.

— Non, pourquoi ?

— Vous êtes trempé, je vous donne mes mains, venez, je vais vous aider.

Il se leva avec difficulté, mes mains dans les siennes. Il me les serrait si fort qu'il me faisait mal. Quand je lui demandai de relâcher mes doigts, il se rapprocha et voulut un câlin. Pas un de ces câlins qui réconfortent, non, un de ces câlins que lui aurait faits son épouse…

D'un seul coup, Jacques s'était levé. Je connaissais ces yeux.

— Où tu l'emmènes ?

— Je vais changer le monsieur.

— Menteuse ! Tu vas te faire sauter, hein ?

— Non, Jacques, je vais le changer.

— De toute façon, je suis sûre que tu me trompes.

Il était retombé dans sa paranoïa. La fille de Germain tenta d'empêcher Jacques de nous suivre dans la chambre, et une fois à l'intérieur je nous enfermai à clef. Jacques hurlait, insultait, frappait la porte.

La fille de Germain s'inquiéta de la sécurité dans cette unité. Je ne pouvais lui en tenir rigueur, malgré mes tentatives pour la rassurer. Son père n'était évidemment pas en sûreté avec Jacques dans le coin, pas plus que nous, d'ailleurs. Le personnel avait beau remonter les agissements aux cadres de l'établissement, personne ne faisait quoi que ce soit.

La fin de journée se passa difficilement, mais le repas du soir fut assez paisible. À l'heure des couchers, Jacques redevint agressif et défonça la porte de l'unité protégée. Nous étions quatre à le maintenir, sans succès. Il nous fit voler comme de simples ballons de baudruche et commença à tout casser. Quand les pompiers, appelés par une collègue, sont arrivés, Jacques s'était radouci. Malgré nos suppliques, les pompiers ont refusé de l'emmener. Il nous aurait presque fait passer pour des folles, tant il était doux comme un agneau.

Ce soir-là, je suis partie avec une heure et demie de retard. J'ai appris le lendemain matin, en lisant les transmissions, que Jacques avait remis ça quelques instants plus tard, qu'un second appel aux pompiers avait été donné, et que, cette fois-ci, ils l'avaient emmené : Jacques avait été interné en unité psychiatrique.

Entre-temps, il était rentré dans les chambres, avait frappé des résidents sans autre raison que parce qu'il se croyait chez lui. Le psychologue de l'établissement jamais n'apporta de réponse à son problème.

Ce cas illustre parfaitement la quête acharnée de profit : pour gagner de l'argent, certaines directions sont capables de mettre en danger la vie des soignants et des résidents. Triste constat.

43

A comme animations…

Le produit phare d'un EHPAD est la partie « animations » proposée à nos aînés. La brochure commerciale les promet diversifiées, adaptées aux pathologies. À la lire, l'EHPAD est un endroit où l'ennui n'existe pas – ne vous inquiétez pas, on s'occupe de tout ! La plaquette vante les projets de vie individualisés. Il y aurait même une animatrice dédiée aux activités, présente du lundi au vendredi, et le week-end les soignants prendraient le relais.

Mais, en réalité, rien n'est mis en place. Personne ne prend le temps de s'intéresser à la vie passée des résidents, à leurs véritables besoins. Nous, les aides-soignantes et les aides médico-psychologiques, connaissons à peine leurs pathologies, alors, leur projet de vie… !

Quand ils franchissent la porte de la maison de retraite, les gens ne sont plus rien, si ce n'est des vieux qui n'ont pas la possibilité de rester chez eux. Leur histoire n'existe plus, leurs finances sont pompées un peu plus chaque mois, seuls leurs corps portent les stigmates d'une vie plus ou moins rude. Nous, soignants, aussi empathiques que nous pouvons l'être, sommes complices de leur perte d'autonomie. Nous accélérons leur régression ! Comme nous savons que nous n'avons pas le temps de les emmener ne serait-ce qu'aux toilettes, alors que fait-on ? Dès leur entrée dans l'établissement, nous rendons les protections obligatoires, qu'ils soient incontinents ou non. Je ne me suis jamais mise à leur place depuis que je travaille dans l'établissement, mais aujourd'hui je me rends compte, en écrivant, qu'il faut faire une terrible abstraction de soi-même et de ce que l'on a été pour accepter d'être pris en charge de cette façon-là. Si, en plus, vous avez toute votre tête, quelle indignité vous subissez à vivre dorénavant avec des couches !

Mais revenons aux animations. Que va-t-on proposer, puisqu'on ne sait rien des résidents ? Et surtout à qui ? En règle générale, les animations sont proposées à ceux qui sont à peu près autonomes et à ceux qui ne font pas trop de bruit. Comme des élèves sages et d'autres turbulents, seuls les premiers participent aux grandes animations anti-ennui ; les seconds restent seuls dans leur chambre.

L'animation majeure dans mon établissement, c'est l'atelier lecture. Le matin, en petit comité, il s'agit de lire le journal. Lorsqu'elle a lieu aussi en unité protégée, l'animatrice pose le journal sur la table, feint de lire quelques articles, mais prend surtout le temps de boire son café en dénigrant ses collègues et la direction. Ici, pas d'oreilles qui traînent, du moins aucune ne se souviendra de ce qui a été dit. Ces matins-là, l'unité protégée devient le salon où l'on cause. Tout le monde, famille comprise, s'accorde à dire que l'organisation de l'établissement est à revoir pour une meilleure prestation ; mais personne ne dénonce rien une fois les portes sécurisées passées.

L'autre animation phare, c'est l'animation onglerie. Elle a lieu le matin aussi, et les dames apprécient. Pendant quelques instants, l'animatrice leur fait une beauté des mains. Parfois, elles ont même droit à l'application de vernis. C'est pratique, le vernis, ça cache les ongles sales que nous n'avons pas le temps de nettoyer correctement dans nos quinze minutes de toilette. Les familles n'y voient que du feu, si ce n'est que maman est coquette. Ma grand-mère m'a toujours dit : « L'important, ce n'est pas la propreté dessus, ma Sophie, l'important, c'est la propreté dessous ; imagine que tu aies un accident et que l'on soit dans l'obligation de te déshabiller, si ta culotte est sale, tu pouvais bien paraître propre en surface, imagine la honte… » Elles sentiront probablement dans la journée l'urine et les selles, mais l'honneur est sauf, les ongles sont peints.

Les directeurs attendent généralement beaucoup des bénévoles pour animer les après-midi. Chez nous, il y a un musicien qui vient deux fois par semaine. Une fois pour faire un immense jeu de société avec ceux qui ont encore la faculté de répondre, une seconde fois pour jouer de la guitare quelques heures sur de vieux rythmes désuets.

*

Cet après-midi-là, je devais aider à l'animation. Je chanterais des chansons, j'inviterais les plus autonomes à danser, d'autres frapperaient dans leurs mains. Voilà que M. Lamotte est arrivé, avec sa pathologie, des tremblements. Il manquait de tomber à chaque pas. Pour seule aide à la marche, il avait sa canne où était accroché un colson. Quand il ne pouvait vraiment plus avancer, il fallait mettre son pied devant le sien, ainsi, il devait passer par-dessus, et l'automatisme de la marche pouvait reprendre pour quelques instants. Il aimait la musique, mais aujourd'hui, il souhaitait danser. Vu sa pathologie, c'était risqué, mais comment lui refuser de danser s'il en avait besoin ?

Je préférai donc danser avec lui. Il ne boitait pas, était même stable, il me serrait contre lui, et parfois même réussissait à me soulever. Je devins alors une marionnette qu'il faisait valser à sa guise. Au changement de morceau, il avait trouvé une autre résidente pour tourner, une dame qui chantait tout le temps, dansait beaucoup avec son mari avant. Elle était moins aguerrie que lui mais semblait revigorée. Ses jambes, bizarrement, paraissaient moins fortes que celles de son cavalier, pourtant elle n'avait pas sa pathologie. Il fallait le faire ralentir, ils allaient finir par terre. Une autre musique, une autre cavalière, et tout l'après-midi M. Lamotte danserait. Il inviterait toutes les vieilles dames à pousser le pas du tango, du paso doble, sans jamais tomber et toujours avec le sourire.

L'heure du goûter approchait. Il n'avait pas envie de manger, but un verre et redemanda de la musique. Si un jour quelqu'un me dit que la musique ne peut être une thérapie, je l'emmènerai un dimanche dans mon établissement afin de lui prouver le contraire.

Le temps de quelques valses, et l'après-midi se termina. M. Lamotte avait repris sa canne et était redevenu cet homme qu'il ne supportait plus d'être. C'était en allemand qu'il m'expliquait son désarroi. Lui, l'homme cultivé, ne pouvait plus écrire, ne pouvait plus courir ; son corps avait lâché mais sa tête était intacte.

Certains lundis, il y a une animation gym douce. Elle est organisée par un intervenant extérieur. On se lance des ballons, on tape des pieds, on fait des mouvements avec les bras, on essaie de se dérouiller. Cette activité a vraiment peu de succès. Elle a au moins le mérite de changer de l'ordinaire !

Les sorties aussi sont considérées comme des animations. Elles sont assez rares dans l'établissement. La camionnette louée pour le transport permet aux aînés à mobilité réduite d'y participer. Il y a neuf places, donc neuf résidents qui partent ensemble. Sur soixante-dix-sept, c'est peu. Souvent, cette sortie est un repas, ou un repas spectacle. Ces animations ne sont pas gratuites, contrairement aux autres, donc seuls les plus aisés peuvent se permettre un tel écart. Où est l'égalité pour chacun ? Elle est inexistante.

Certaines animations pourraient être qualifiées d'utiles : pliage de serviettes, épluchage de pommes de terre ou de légumes pour la soupe du soir. Si j'avais mauvais esprit, je dirais volontiers que ce sont des heures normalement effectuées par du personnel que la direction n'aura pas à payer.

D'autres sont organisées en fonction des événements : animation confection de guirlandes de Noël, animation guirlandes de Pâques, animations guirlandes en tout genre...

Un samedi sur deux, l'animation attendue est celle du loto. Chez nous, une infirmière vient sur son temps personnel avec ses cartons, son boulier et ses pions. Si le nombre de participants est important, le manque de jetons est pallié par des grosses pâtes. Inlassablement, elle répète les numéros. Il faut apporter son aide à ceux qui n'entendent pas bien, à ceux qui en jouant déplacent leurs jetons et sont perdus. Je ne sais pas où elle déniche des lots, mais à chaque carton plein, nos aînés ont une petite breloque. Elle intervient bénévolement et ne coûte rien à la direction. Et, cerise sur le gâteau, nos aînés ne se sont pas ennuyés.

*

Voilà ce que sont les animations. Mais ne nous leurrons pas : l'animation la plus fréquente dans mon établissement, c'est d'être installé devant la télé tout l'après-midi. Les résidents sont laissés là, endormis et à moitié tombés de leur fauteuil, parce qu'ils ne sont pas assez réceptifs aux autres. Pour eux, pas de jeux ni de loto, et encore moins de sorties.

En parlant de sorties, quand les directions des EHPAD mettront-elles en place l'animation « devoir citoyen » ? Combien de nos aînés ont-ils la possibilité d'aller exprimer leurs votes ? Certes, certains signent des procurations à leurs familles, mais ce n'est pas la majorité. Ils n'ont pourtant pas perdu leur droit de vote ; mais personne n'est mis à leur disposition pour les accompagner, ce serait de la perte de temps et une rentabilité nulle. Mais ne serait-ce pas leur permettre d'être considérés comme citoyens de la cité prenant part aux échéances électorales en France ? Ne serait-ce pas leur permettre de garder une estime d'eux-mêmes ? Alors que la plupart se sont battus pour le droit de vote, ce ne serait que leur rendre justice. Les personnes âgées sont donc considérées non seulement comme des comptes en banque, mais surtout comme des exclus de la société.

44

Décès de Robert

Robert est tombé dans la nuit et a été retrouvé le matin par terre. Perdu, désorienté, il a été hospitalisé.

Tous les soirs et même parfois dans la journée, il avait besoin que je discute avec lui. Ses angoisses montaient, il lui fallait une présence. Je n'avais pas toujours le temps de m'occuper de lui dans ces moments-là, je ne pouvais répondre à chacune de ses demandes. Parfois, il m'envoyait promener, revenait vers moi en s'excusant. Je me souviens qu'il m'appelait « ma petite », ou « la pianiste ». Procédés mnémotechniques pour se souvenir de mon visage ou de ma voix. Il avait donné à chacune de nous un surnom, et nous l'acceptions. Parfois, il avait juste besoin que nous lui prenions la main pour le raccompagner dans sa chambre.

Il était un ancien agent de la SNCF, il ne se déplaçait jamais sans sa canne. Ses cheveux avaient la blancheur d'une pellicule de neige juste tombée.

Robert attendait toujours son copain de la chambre d'à côté, qu'il aidait en poussant son fauteuil roulant chaque midi et chaque soir en salle de restauration. Il était comme cela, Robert répondait toujours présent, comme si son existence n'avait de but au sein de l'établissement que dans l'accompagnement aux autres. Souvent, il s'en oubliait lui-même et prenait des risques. Il aurait pu tomber maintes fois. Il refusait de l'entendre. Il s'était défini comme l'homme qui aide son prochain.

La solitude était sa plus grande angoisse. Quand la porte de sa chambre était fermée, il se sentait seul ; il errait souvent dans les couloirs, espérant que l'une de nous prenne le temps de venir le voir, et ne s'endormait jamais sans sa radio.

Robert, c'était le café de la collation de 16 heures ; Robert, c'était cette voix au fond du couloir qui vous appelait ; Robert, c'était un homme gentil.

Un jour, il est parti, et la radio s'est tue.

J'ai décidé que j'irais à son enterrement. Pourquoi ? Un besoin, un remède à ma mauvaise conscience de ne pas avoir répondu à ses demandes, je ne sais pas. Et puis j'avais lié des rapports particuliers avec son épouse.

Arrivée aux pompes funèbres, je trouvai le fameux chalet. Toute la famille était là, j'étais un peu gênée. Mais l'épouse de Robert s'approcha pour me remercier d'être venue. La direction des Opalines brillait par son absence, mais des soignants étaient présents.

La cérémonie fut sobre. J'en appris beaucoup sur la vie de Robert. C'était un amoureux de la nature ; il avait été trésorier d'une association reconnue d'utilité publique. Robert, c'était aussi les copains qu'on ne lâche jamais, un peu comme la chanson de Brassens. Robert, c'était le refuge en pleine montagne qu'il aimait garder. Les photos défilaient, j'étais admirative de l'homme que je ne connaissais finalement pas, moi qui n'avais vu que le vieux monsieur à la radio, la voix qui vous appelle au fond du couloir et qui sans cesse vous demande quelque chose.

J'en sus bien plus en quelques minutes qu'en des mois de travail à côté de lui. J'ai posé une immortelle sur son cercueil, parce que Robert, comme tous les autres, est un immortel dans mon cœur. Aujourd'hui, je sais qui était l'homme à la canne et aux cheveux blancs qui nous prenait la main pour se rassurer.

Ce n'est pas un adieu, Robert, ce n'est pas un au revoir, tu es dans la pièce voisine, juste dans la pièce voisine, il suffit de savoir regarder. On ne meurt véritablement jamais. Le corps qui renferme notre être n'est rien, l'important, ce sont les souvenirs que nous laissons.

N'est-ce pas, Mémé ?

45

Réunion de crise

Depuis des mois, nous travaillions en sous-effectif. Depuis des mois, je ne me reconnaissais plus. Était-ce bien cela, les soins que je voulais apporter à nos anciens ? J'avais beau faire le pitre, sourire, chanter, je me demandais, seule dans mon lit le soir, ce que j'avais vraiment apporté de concret à mes résidents, quand je repensais à ma journée. De la technicité, certes, mais où étaient passés l'empathie, l'humain ? Ah, « l'humain », ce beau mot que je ne cessais de répéter. J'acceptais des prescriptions de travail qui ne permettaient pas de le faire correctement. Ne devenais-je pas complice du système ?

Même en courant toute la journée, je voyais bien les dysfonctionnements. J'acceptais, pour gagner du temps, que les médicaments soient distribués par des filles non diplômées qui en cas d'erreur seraient pénalement responsables sans imaginer la gravité de ce qu'elles auraient fait, que les toilettes soient faites en trop peu de temps, donc de ne pas respecter la dignité des personnes dont je m'occupais. Il fallait que j'arrête avant de sombrer.

Ce qui me confortait dans mon constat, c'était que mes collègues avaient les mêmes soucis. Les burn-out se multipliaient dans l'équipe, les pleurs, les boules au ventre en arrivant au travail – notre quotidien. Il était temps de faire entendre nos voix, nous ne pouvions décemment plus être ces soignants qui souffraient. Pas pour nos petites personnes, non, pour eux, seulement pour eux.

Une réunion de crise fut mise en place le 28 mars. La cadre, toujours perchée sur ses talons hauts, allait enfin prendre la mesure du malaise. Nous étions remontées comme des coucous suisses.

— J'ai bien compris votre problématique, nous allons y remédier, nous annonça la cadre.

— Parfait, et comment ? demandai-je.

— Vous n'êtes pas sans savoir que nous avons du mal à recruter, que personne ne veut venir travailler dans notre établissement, argumenta-t-elle.

— Posez-vous les bonnes questions. Pourquoi, à votre avis ? Les salaires sont en moyenne à 1 250 euros pour une aide-soignante diplômée, qui travaille onze heures par jour, et, en plus, qui doit être présente deux week-ends par mois, lança une collègue.

— Ce n'est pas qu'une question de salaire, nous répondit la cadre.

— Cela en fait partie ! Et quand elles arrivent, elles repartent aussi vite, pourquoi ? Parce que nous n'avons pas la possibilité de les doublonner, qu'elles se retrouvent seules dans un étage sans savoir quoi que ce soit sur les résidents ! lança une autre.

Je me suis alors dit en moi-même qu'elles étaient un peu gonflées, elles m'avaient laissée seule pendant quatre jours… mais passons.

— Nous allons réorganiser les plannings.

— Réorganiser les plannings ? S'il manque des soignants, vous pouvez bien tourner les plannings dans tous les sens, cela ne résoudra rien. Ce qu'il faut, ce sont des équipes stables, et nous n'en avons pas, dit une troisième.

— C'est un peu votre faute aussi, osa la cadre. Vous ne savez pas garder les nouvelles, vous ne savez pas les accompagner.

Voilà que, de victimes, nous devenions accusées ! Et de ne pas pallier les manquements de notre hiérarchie, par-dessus le marché !

Le dialogue de sourds dura toute la réunion, qui fut au final une immense perte de temps. Et pendant que nous étions là à discutailler, nos aînés nous attendaient pour les changes. Encore une preuve flagrante de mépris, et pas tant envers nous qu'envers les résidents.

— Et comment fait-on quand la réserve de changes est vide, quand il n'y a plus de gants ?

— Un problème de livraison qui devrait être rapidement réglé.

— Soit. Mais serait-il possible d'avoir des gants adaptés à la taille de nos mains ? De mettre en place un pôle de remplacement quand des collègues ne viennent pas, pour éviter le sous-effectif ?

— Impossible.

— Prendre des intérimaires, alors, quand on est dans ces situations dégradées ?

— Nous n'avons pas les moyens de prendre des intérimaires.

— Pas les moyens ? Nos actionnaires sont la quatre centième fortune de France, et vous n'avez pas les moyens ? Si rien ne change, nous nous mettrons en grève.

Le mot était lâché.

La cadre posa son stylo et ricana. Elle ne nous prenait pas vraiment au sérieux ; nous allions lui faire comprendre à quel point nous étions déterminées.

Nous n'espérions rien en quittant la réunion. Dans l'établissement, rien ne se perdra (à part des collègues), rien ne se créera (pas de nouvelles recrues en vue), rien ne se transformera (peut-être nos plannings, et encore).

La grève a donc été décidée, elle allait commencer le lundi suivant. Pourtant, nous nous posions tant de questions. Qui prendrait en charge nos résidents ? Ce fut une décision difficile à voter, l'empathie se rappela à nos bons souvenirs. Elle n'est pas là juste à certains moments, vous ne pouvez pas la faire disparaître quand cela vous arrange, elle est accrochée en nous comme un coquillage à un rocher.

Mais nous n'avions plus le choix.

46

2 avril 2017 : le début de la fin

C'était le week-end d'avant-grève, combien serions-nous ? Combien d'appels les aides-soignantes de nuit auraient-elles reçus de collègues remplaçantes indiquant qu'elles ne viendraient pas ? Aujourd'hui, au lieu d'être huit, nous serions six à prendre en charge soixante-dix-sept résidents. La relève s'était faite rapidement, encore plus vite que d'habitude, pas de temps à perdre. Les yeux sur nos montres... à vos marques, prêtes, partez ! Vous avez quatre heures et demie...

La fourmilière se mit en ordre de marche comme tous les jours. Mais à six au lieu de huit, comment faire ? Et qui privilégier ? Nous avions eu une réunion de crise quelques jours auparavant : une collègue allait arriver, nous n'allions pas rester dans cet état. La matinée avançait, et personne ne venait, nous étions toujours six, et la tâche loin d'être terminée. Notre préavis faisait pourtant apparaître en premier lieu le manque de personnel ; nous étions certaines que la direction aurait tout mis en œuvre pour que nous ne partions pas en grève et, ce jour, qu'elle trouverait du personnel remplaçant.

Aujourd'hui encore plus qu'hier, je serais dans l'obligation de presser mes résidents, à peine un quart d'heure à leur accorder, un « Bonjour » furtif, et pas vraiment le temps de discuter. Par anticipation, pour économiser nos pas, les changes de la journée avaient été embarqués dès le matin.

Les résidents étaient mal réveillés, difficiles à lever, les articulations douloureuses, mais qu'importe, « Veuillez m'excuser, je n'ai pas le temps ce matin... Enfin, vous le savez, nous sommes en sous-effectif, votre voisin m'appelle déjà... ».

Combien de toilettes et de lits aujourd'hui, onze, douze, treize, seize ? Combien de mots échangés ? Beaucoup moins ce matin. Et une alerte succédait à une autre : « Je reviens, bien sûr que je reviens, enfin... oui mais non, je reviendrai beaucoup plus tard, enfin peut être ». Au suivant !

Pas de douche en ce jour funeste, peut-être la semaine prochaine, aujourd'hui encore, je ne pourrai prendre soin de vous avec toute la dignité que vous méritez.

Je vous demande sincèrement de m'en excuser.

Aucune de nous ne se reconnaît plus dans son métier ; nous ne devrions pas être les architectes de cette productivité imposée. Nous devrions être la pierre angulaire de la fin de vie, cet accompagnement dont nous aurons tous besoin un jour pour apprivoiser les dernières années de l'existence dans la sérénité.

Lundi, nous serons en grève. Lundi, nous crierons que nos métiers sont tout autres et que « Le soin, c'est de l'humain, pas du chiffre ! ».

47

2018

À l'aube du dernier trimestre 2018 j'aurai connu toutes les phases émotionnelles qu'une personne normale peut connaître.

En quelques mois, se sont enchaînés dépression, haine, colère, petits rires (un peu), grandes joies (rarement), éclats de rire (jamais).

Je me remets de cette grève de cent dix-sept jours, mais personne ne me comprend. Pendant presque un an, je cours les plateaux télé, radio, ne voulant pas qu'un couvercle soit posé sur la grève de Foucherans qui a dénoncé ce que j'ai écrit tout au long de ce livre. Car c'est ma seule possibilité de guérir. Mais qui le comprend ? Je suis en fait passée du statut de curiosité à celui d'empêcheuse de tourner en rond.

Je me rappelle les trahisons des grands patriarches syndicaux, je me souviens de ces collègues qui ne me connaissent plus, je me retrouve seule, seule à espérer que les choses vont évoluer. Si seule dans mon essence de combattante.

Fuir, ne pas penser, accepter toutes les invitations des tribunes où je pourrai m'exprimer, ne pas oublier ce pour quoi nous nous sommes battues, et surtout ne pas oublier le nom du syndicat dont je fais partie, voici ma carte de visite. Et ce qui me fait devenir progressivement cette femme-sandwich qui porte à la fois l'importance de se syndiquer et le combat pour nos aînés.

À l'époque je réponds à tous les critères : je ne m'exprime pas trop mal dans les médias, je n'ai peur de rien, je suis une bonne élève, je connais mon sujet et, le mieux de tout, je suis une femme. Un constat qui m'effraie : mon genre, à cet instant, est la quintessence même des paroles d'un syndicat qui, finalement, me pressera. J'aurai en effet droit à des coups bas de certains membres du syndicat régional. Des hauts placés, pas la base, qui ne me soutiendront pas parce que je m'opposerai à leurs décisions à mes yeux parfois trop radicales ; parce que je prends trop de place, je suis un électron libre, une insoumise, parce que leur expérience n'est pas une valeur qui m'impressionne, moi qui ai celle d'une grève interminable.

Alors, face à tous, je suis seule, sans salaire, mais je continue à me battre pour la cause, pour toutes les mémés et les pépés ! Pourquoi sans salaire ? Depuis la grève, je suis en arrêt maladie, ma famille est la victime collatérale du conflit ; nous n'allons pas très bien. Entre les enfants qui me rappellent que je les ai oubliés et mon époux qui a mal supporté l'ensemble, il faut reconstruire le socle abandonné durant cent dix-sept jours intenses. Dans un contexte financier lourd puisque je ne perçois aucune indemnité journalière, n'ayant pas travaillé assez d'heures dans les trois mois précédant mon arrêt – évidemment, en grève, je ne pouvais prétendre aux indemnités versées par la Sécurité sociale à toute personne en arrêt maladie. À quelques jours de Noël, s'impose une vérité : si nous voulons manger, c'est au Secours populaire qu'il faut aller chercher de quoi nous offrir un repas. Pareil pour les cadeaux.

Comme Noël reste un moment particulier dans l'année, nous avons quand même eu un beau cadeau. Une amie nous a invités, et nous avons passé une veillée de Noël comme si nous étions en famille. Je tiens à la remercier encore, ici, de cet accueil et de ce geste magnifiques.

Finalement, cette grève résonne en moi comme un échec. Car, depuis, rien n'a changé. Nos personnes âgées sont toujours aussi maltraitées. Tout juste puis-je me réjouir d'avoir, avec mes camarades, marqué l'histoire des luttes jurassiennes, permis à la société de prendre un peu conscience de cette maltraitance institutionnelle. Mais concrètement, tout est pareil. Sur le terrain, les soignants sont en souffrance, les familles cadenassées dans leur parole, et l'État dans une logique illogique avec recours à des groupes privés, dont beaucoup n'ont comme mot d'ordre que la rentabilité.

Ayant vu les limites du syndicalisme, il me semble alors venu le temps de changer les choses. Mais comment ?

En modifiant les lois et en m'engageant en politique…

Ma résistance commence.

Je dédie cette année 2018 à Jeanine, Michèle et Lili.

*

Ce petit texte m'a été offert par ma fille le jour de mon anniversaire. Cela faisait plus de six mois que la grève était terminée, mais visiblement ce moment de nos vies l'avait marquée. Plus que je n'avais d'ailleurs pu l'imaginer. Elle aimait venir sur le piquet, faire flotter les drapeaux au bord de la route. J'avais bêtement pensé que c'était pour faire l'école buissonnière. Mais non, elle était devenue une combattante, elle aussi.

Pour en avoir longtemps discuté avec elle, elle avait écrit ce poème après avoir compris ce qu'était une lutte pour la justice. J'admire cette petite fille, tout comme j'admire mon fils et mon époux de me laisser mener ce combat et pour avoir subi, sans se plaindre, cette grève de 117 jours.

- Juste une femme

Comme un gâteau sans farine,
Comme une rose sans épines,
Une grève sans parole ?
Impossible !
Une femme a été choisie,
Une qui saurait défendre ses collègues,
117 jours, elle a tenue,
Ses aînés, elle a défendu,
A la TV, elle est passée,
La grève est finie,
Pourtant les interviews se succèdent encore,
Comme un gâteau sans farine,
Comme une rose sans épines,
Une femme,
A été choisie,
Pour défendre ses anciens,
Et grâce à elle,
Cette grève a été gagnée,
Par cette femme extraordinaire.

Table

Pour en savoir plus
sur les Éditions Plon
(catalogue, auteurs, vidéos, actualités...),
vous pouvez consulter
www.plon.fr
www.lisez.com

et nous suivre sur les réseaux sociaux

Editions Plon

@EditionsPlon

@editionsplon

Achevé d'imprimer en janvier 2019 par CPI
pour le compte des Éditions Plon
12, avenue d'Italie
75013 Paris
N° d'impression : 150642